Lothar-Rüdiger Lütge

Carlos Castaneda
und die Lehren des Don Juan

Das Buch versteht sich in erster Linie als eine praktische Arbeitsanleitung zur Anwendung der Lehrinhalte im täglichen Leben. Es soll dazu beitragen, den Spuren Castanedas zu folgen und in die Welt der »praktischen Zauberei« einzudringen.

Aus diesem Grund ist eine exakte Gliederung der einzelnen Lernschritte erarbeitet worden, die es ermöglicht, den systematischen Zusammenhang zu erkennen und einen Überblick über das ganze Lehrsystem zu verschaffen.

Neben einer notwendigen kurzen Einführung in die theoretischen Grundlagen werden alle praktischen Lernschritte ausführlich dargestellt. Das Buch folgt in seinem strukturellen Aufbau streng der logischen und zeitlichen Abfolge, wie sie Castanedas Ausbildung zugrunde liegt. Für sich betrachtet, liefert es alle notwendigen Informationen, um Don Juans »Weg zum Wissen« in die Praxis umzusetzen.

Lothar-Rüdiger Lütge

Carlos Castaneda
und die Lehren des Don Juan

Eine praktische Anleitung,
die es ermöglicht, Don Juans Lehren nachzuvollziehen
und im täglichen Leben anzuwenden.

innenwelt.com

Zeichnungen, Umschlag und Buch:
Kai Müller-Liebenau

Herstellung und Verlag:
Books on Demand™ GmbH, Norderstedt

ISBN 978-3-8370-6172-7

Inhalt

Vorwort zur zweiten Auflage

Das vorliegende Buch ist im Herbst 1984 zum ersten Mal erschienen. Als Grundlage dienen die Arbeiten Carlos Castanedas, die bis zu diesem Zeitpunkt veröffentlicht worden sind. Mit der Herausgabe eines neuen Buches im Frühjahr 1985 hat der Autor die Darstellungen seiner inzwischen fünfundzwanzig Jahre während Lehr- und Ausbildungszeit um ein siebtes Werk erweitert. In der neuen Veröffentlichung rekapituliert Castaneda die wesentlichen Aspekte seiner Unterweisungen, stellt sie in einen neuen Zusammenhang und erweitert oder präzisiert den theoretischen Hintergrund der Lehre sowie deren praktische Umsetzung. Grundlegend neue Gedanken oder gar eine Revision seiner bisherigen Ausführungen sind nicht zu verzeichnen. Wie bereits mit der sechsten Veröffentlichung eingeleitet, handelt es sich auch bei seinem letzten Werk um eine erneute Aufarbeitung bereits zuvor beschriebener Inhalte – nun jedoch von einer neuen, erweiterten Erkenntnisebene ausgehend.

Vor diesem Hintergrund kann mit gutem Gewissen auf eine Überarbeitung oder Neugestaltung des hier vorliegenden Buchs verzichtet werden. Castanedas neue Veröffentlichung bestätigt die gewählte Darstellungsform der Lehre sowohl inhaltlich als auch hinsichtlich der Zielsetzung. Abgesehen von wenigen, größtenteils theoretischen Erweiterungen des Lehrgebäudes und einigen neuen Termini, die erst im siebten Buch auftauchen und daher nicht berücksichtigt werden konnten, liegt nach wie vor eine größtmögliche Übereinstimmung dieser zusammenfassenden Darstellung mit den Lehren des Don Juan vor. Im weiteren zeigt sich erneut die Notwendigkeit einer praxisbezogenen Anleitung zur Umsetzung der Lehrinhalte ins tägliche Leben.

Der aufmerksame Leser Castanedas wird spätestens jetzt erkennen, wie wesentlich die allgemein übersehenen Techniken und Anleitungen zur praktischen Lebensgestaltung sind und welche entscheidende Rolle sie in Don Juans Lehre spielen. Sofern er sich ernsthaft mit den Lehrinhalten auseinandersetzen will, bleibt ihm keine andere Wahl, als die bisherige Veröffentlichungen Castanedas unter diesem Gesichtspunkt systematisch zu durchforsten – oder aber auf ein Buch wie dieses zurückgreifen.

Ich wünsche allen Lesern, daß es ihnen trotz innerer und äußerer Widrigkeiten gelingen möge, ihren Weg mit Herz in seiner gesamten Länge zu gehen.

Lothar-Rüdiger Lütge

Für Angelika

Meinen Dank an Olav, Stefan, Helga, Walter und all die Freunde, die es mir in vielen Stunden engagierter Gespräche und intensiven Zusammenseins ermöglicht haben, die grundlegenden Gedanken für dieses Buch zu entwickeln.

»Die persönliche Kraft entscheidet, wer von einer Offenbarung profitieren kann und wer nicht.

Meine Erfahrung mit meinen Mitmenschen hat mir gezeigt, daß nur sehr sehr wenige bereit sind zuzuhören, und von denen, die zuhören, sind noch weniger bereit, in ihrem Handeln zu befolgen, was sie gehört haben. Und von denjenigen, die bereit sind, entsprechend zu handeln, haben noch weniger genügend persönliche Kraft, um von ihren Handlungen zu profitieren.«   Don Juan

Einführung

Carlos Castaneda und Don Juan Matus

Carlos Castaneda ist Student der Anthropologie an der Universität von Los Angeles. Im Jahr 1960 reist er nach Mexiko, um dort für eine Examensarbeit Informationen über den Gebrauch von Heilpflanzen zu sammeln. Auf einer Busstation in Arizona vermittelt ihm ein Freund den Kontakt zu einem alten Yaqui-Indianer, der angeblich etwas vom Gebrauch halluzinogener Drogen versteht. Castaneda wird von dem Indianer, Juan Matus, nach Hause eingeladen. Er nimmt die Einladung an und kehrt einige Monate später nach Mexiko zurück, um ihn zu besuchen. Es entwickelt sich schnell eine Freundschaft. Seinen ursprünglichen Wunsch, Informationen über Heilpflanzen zu erhalten, gibt Castaneda recht bald auf. Er läßt sich von der besonderen Persönlichkeit des Indianers in Bann ziehen.

»Don Juan und ich wurden Freunde, und ein Jahr lang stattete ich ihm zahllose Besuche ab. Ich fand seine Art sehr beruhigend und seinen Humor ausgesprochen wohltuend; vor allem aber spürte ich in seinen Handlungen eine ruhige Folgerichtigkeit, die mich zutiefst verblüffte.

In seiner Gegenwart empfand ich ein eigenartiges Vergnügen, und gleichzeitig fühlte ich mich seltsam unbehaglich. Seine bloße Anwesenheit zwang mich zu einer gründlichen Revision meiner Verhaltensmuster. Ich war, wie wahrscheinlich jedermann, dazu erzogen worden, den Menschen als ein im wesentlichen schwaches und fehlbares Geschöpf anzusehen. Was mich bei Don Juan beeindruckte, war die Tatsache, daß er nicht im geringsten schwach und hilflos war, und schon unser Zusammensein führte garantiert zu einem unvorteilhaften Vergleich zwischen seinem Verhalten und dem meinen.[1]*

Im Jahr 1961, etwa ein Jahr nach ihrer ersten Begegnung, erklärt Don Juan, daß er ein »Geheimes Wissen« besitzt und daß er ein »Zauberer« ist. Hierdurch verändert sich ihre Beziehung. Carlos Castaneda wird zum Schüler Don Juans und durch ihn in die Geheimnisse der »Zauberei« eingeführt. Es folgt eine mehr als zehnjährige Lehrzeit.

Die Lehre

Castaneda hat über seine Lehre bei Don Juan in einem umfangreichen Werk ausführlich berichtet. Seine Aussagen sind nicht unterlegt. Es gibt keine Beweise dafür, daß die Lehre tatsächlich stattfand und daß Don Juan wirklich existiert. Darüber hinaus sind seine tagebuchähnlichen Aufzeichnungen von der Alltagswelt des modernen, zivilisierten Menschen so weit entfernt, daß die Frage nach der Autenti-

---

*Die hochstehenden Ziffern beziehen sich auf die Quellenangaben am Schluß des Buches auf Seite 169.

14

zität der Veröffentlichungen bis heute nicht verstummt ist. Hierzu sagt Hellmut Coerper in einer tiefenpsychologischen Deutung der Literatur Castanedas:

>»Bei denen, die diese Gerüchte verbreiten (gemeint ist die Behauptung, Castaneda habe seine Erlebnisse frei erfunden), liegt ein Veränderungsprozeß vor: Es ist nur zu verständlich, daß Menschen, die ohne jede Vorbereitung diese Berichte lesen, auf die Konfrontation mit der ›anderen Wirklichkeit‹, die bei uns Abendländern im Unbewußten gehalten und abgewehrt wird, mit Angst und Widerstand reagieren.«[2]

Tatsächlich ist die Lehre des Don Juan eine Einweihung in esoterisches Gedankengut. Castaneda wird Schritt für Schritt zu der Erkenntnis geführt, daß seine Wirklichkeit lediglich eine mögliche Interpretation der Realität ist. Das heißt, die Welt, in der wir leben und die wir als Wirklichkeit empfinden, ist lediglich das Resultat, der Ausdruck einer dahinterstehenden Ursache.

Um diese Ursachenebene und um den Weg zu dieser Realität geht es Don Juan. Es ist das Ziel seiner Lehre, dem Schüler das unmittelbare, vollständige und nicht interpretierte Erkennen und Erleben der Realität zu ermöglichen. Sowohl in der Prämisse als auch im Ziel befindet sich Don Juan in Übereinstimmung mit den bedeutenden esoterischen und spirituellen Lehren der Menschheit.

In allen Systemen, mögen sie in der östlichen oder westlichen Sphäre beheimatet sein, wird hinter der von uns als Wirklichkeit bezeichneten materiellen Welt mit ihren Gegebenheiten und Gesetzen die eigentliche, ursächliche Realität angenommen. Alle Systeme verfolgen daraufhin das Ziel, Zugang zu dieser ursächlichen Realität zu erlangen. Don Juan bezieht sich bei seinen Unterweisungen auf die Tradition der Tolteken als Quelle seines Wissens. Die esoterische Menschheitsgeschichte zählt das Volk der Tolteken zu den drei ursprünglich in Atlantis ansässigen Rassen. Von Atlantis wird angenommen, daß es dort einen unmittelbaren Zugang zum spirituellen Wissen gab.

So ist also nicht in erster Linie die Frage nach dem Wahrheitsgehalt der von Castaneda vorgelegten Aufzeichnungen von Bedeutung. Vielmehr geht es darum, ob sich unsere Welt im materiellen und energetischen Bereich erschöpft oder ob sie darüber hinaus geht. Intellektuell ist die Frage nicht befriedigend zu beantworten. Es ist ja gerade der Verstand, der unsere Wirklichkeit organisiert und uns von der ursächlichen Realität abschirmt. Dennis Timm schreibt in seiner Studie zu Carlos Castaneda:

»Der Verstand arbeitet, das heißt denkt, mit und in der Sprache in Richtung Erkenntnis. Seine Regeln weist ihm die Logik an. Mit den Mitteln der Logik, ob formaler oder dialektischer, scheint der ›anderen Realität‹ des Don Juan schwerlich nachzuspüren zu sein, denn ihr Anliegen (das der Logik) richtet sich ja gerade darauf, Ambivalenzen aufzulösen – wo es hier (bei Don Juan) darum geht, das Un-Aufgelöste möglichst stehenzulassen … Das ›Faßbar-Machen‹ der Realität geht für den Zauberer durch eine Erweiterung der Erkenntnismethoden vonstatten.
Damit sie (die Realität) sich nicht in der Grammatik verfängt und in der dualistischen Sprache hängenbleibt, muß sie erfahren werden. Um sie erfahren zu können, muß man das Denken des Verstands ›anhalten‹. Nur dann, so sagt der Brujo Don Juan, läßt sie sich blicken.«[3]

16

Der Weg

Don Juans Weg zur Realität bedingt eigene Erfahrungen und direktes Erleben. Es ist ein praktischer, systematisch aufgebauter Weg, der durch eigenes Tun zu neuem Sehen und ganzheitlichem Wissen führt. Wie kaum ein anderer zeigt uns Don Juan die Verstrickungen und Selbst-Beschränkungen, in denen wir gefangen sind, und bietet Mittel und Methoden, uns aus ihnen zu befreien. Dieser aktive, bewußtseinserweiternde Prozeß beinhaltet ein Gewahrwerden der im Unbewußten liegenden Strukturen des eigenen Selbst und zeigt Parallelen zum Individuationsprozeß, wie ihn C. G. Jung beschrieben hat.

Als Voraussetzung für die spirituellen Erfahrungen vermittelt Don Juan seinem Schüler einen umfangreichen Verhaltenskodex, um ihn zu einem selbstbestimmten, eigenverantworteten Leben zu erziehen. »Wissen« zu erlangen, ohne bereits eine in sich gefestigte, disziplinierte Persönlichkeit zu sein, betrachtet er als Gefahr, denn hieraus resultiert oft Weltabgewandtheit und Schwäche.

Carlos Castaneda ist den Weg zur Realität gegangen. Er hat über seine Erfahrungen und Eindrücke ausführlich berichtet. Stück für Stück beschreibt er seinen eigenen Initiationsprozeß. Er schreibt nicht im Nachhinein, aus der Position des »Wissenden«, zurückblickend auf die Stufen seiner Entwicklung. Er schreibt parallel zu dieser Entwicklung, kontinuierlich mit dem Geschehen. Diese Tatsache ist verantwortlich für die besondere Struktur seiner Bücher. Für uns jedoch ergibt sich hieraus eine Problematik.

So ist Castaneda zum Zeitpunkt seiner Aufzeichnungen in der Regel nicht in der Lage, größere Zusammenhänge und den systematischen Aufbau der Lehre zu verstehen und wiederzugeben. Sehr häufig unterlaufen ihm Fehlinterpretationen und falsche Gewichtungen, die erst im Nachhinein, nach weiterem Voranschreiten erkannt und revidiert werden. Castaneda läßt uns teilhaben an seinen Irrtümern und Zweifeln – er macht es uns jedoch sehr schwer, Don Juans Lehre als einen praktischen, systematisch aufgebauten Weg zu erkennen. Die genaue Kenntnis des Aufbaus und der Systematik ist jedoch erforderlich, wenn wir ein tieferes Verständnis der Lehre gewinnen wollen. Erst hieraus ergibt sich für uns auch die Möglichkeit, Castaneda auf seinem Weg zu folgen.

Es ist das Ziel dieser Arbeit, dem Leser eine praktische Anleitung zu geben, die es ihm ermöglicht, Don Juans Lehre nachzuvollziehen und anzuwenden. Die zu diesem Zweck geschaffene Gliederung der einzelnen Lernschritte ist dem Text als Diagramm nachgestellt. Sie findet sich wieder im strukturellen Aufbau des Buches und ermöglicht so ein schrittweises Eindringen in die fremdartige Weltanschauung Don Juans. Da sich dieses Buch in erster Linie als ein Wegweiser zum praktischen Handeln versteht, ist im weiteren eine Reduzierung der Lehrinhalte auf die wesentlichen Elemente vorgenommen worden.

Die Einteilung des Textes in die Kapitel I bis IV bedeutet eine Widerspiegelung der Bewußtseinsentwicklung, wie sie Castaneda durchlaufen hat – und wie sie von uns gefordert wird. Theoretische und philosophische Grundlagen, sofern sie für das tiefere Verständnis der praktischen Lernschritte notwendig sind, werden in Kapitel I behandelt. Kapitel II befaßt sich mit dem im täglichen Leben anzuwendenden Verhaltenskodex und mit einer Reihe praktischer Übungen, deren Ziel es ist, unsere Fixierung auf die kollektive Wirklichkeit zu unterbrechen. Im dritten Kapitel werden die theoretischen Ansätze noch einmal aufgegriffen und unter

Einbeziehung der bisher gewonnenen Erkenntnisse in einem größeren Zusammenhang und in einer differenzierteren Form dargestellt. Die dort folgenden, praktischen Übungen vermitteln den bewußten Umgang mit den Realitätsbereichen jenseits unserer Wirklichkeit. Besondere Fragestellungen im System Don Juans, ohne unmittelbaren Zusammenhang mit der praktischen Anwendbarkeit, werden in Kapitel IV behandelt. Es wird im Rahmen dieses Buches, soweit es möglich ist, auf wörtliche Aussagen Castanedas und Don Juans zurückgegriffen, um eine Verfremdung durch subjektive Anschauungen und Interpretationen in Grenzen zu halten. Dennoch ergibt sich diese bereits zwangsläufig durch die ganz bewußt vorgenommene Reduzierung, Vereinfachung und Systematisierung der Lehre.

Es sei ferner hingewiesen auf die grundsätzliche Problematik der verbalen Darstellung spiritueller Inhalte und Erlebnisse. So ist es auch im Rahmen dieser Arbeit nicht möglich, ein geschlossenes System darzustellen, das keine offenen Fragen hinterläßt. Wir können der persönlichen Entwicklung des Carlos Castaneda nicht vorauseilen und sind auf seine bisher vorliegenden Veröffentlichungen angewiesen. In diesem Sinn handelt es sich bei der vorliegenden Arbeit um eine Momentaufnahme, wie sie sich dem Autor nach mehrjähriger theoretischer und praktischer Beschäftigung heute darstellt.

Es entspricht den Grundsätzen der esoterischen Tradition, das Leben als einen dynamischen, fließenden Prozeß zu definieren. Jeder Leser sei daher aufgefordert, seine persönliche Sehweise und sein individuelles Verständnis einzubringen und so in eine lebendige Auseinandersetzung mit dem Inhalt dieses Buches zu treten. Allen Lesern wird ein ausreichendes Maß an »Persönlicher Kraft« gewünscht, um Worte in Taten umzusetzen.

Kapitel I

Theoretische Grundlagen

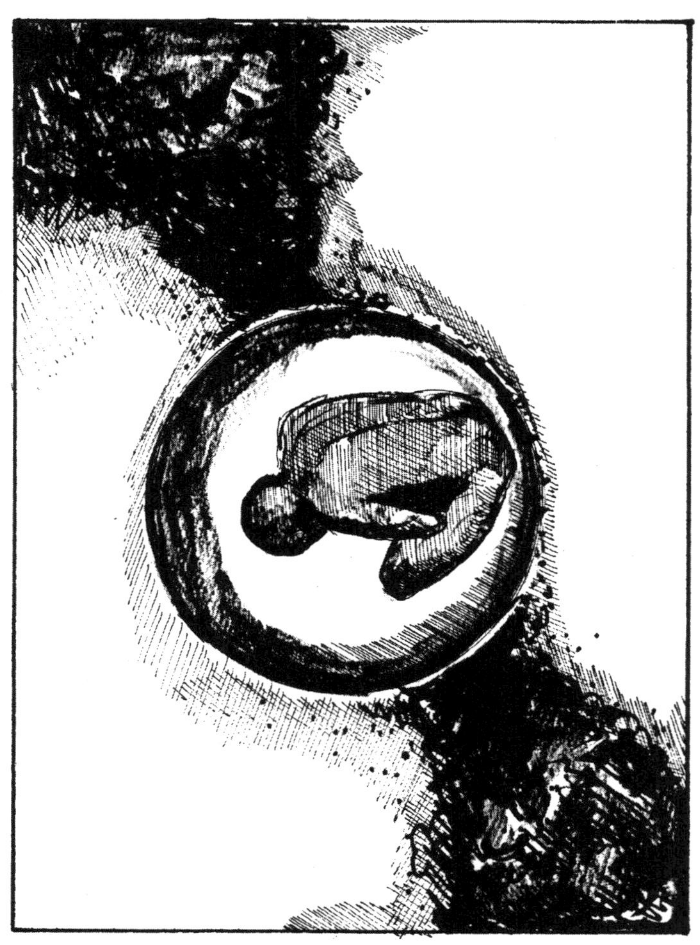

»Warum sollte die Welt ausschließlich so sein,
wie du sie dir vorstellst?
Wer gibt dir das Recht, das zu behaupten?«

Don Juan

Realität und Wirklichkeit

Der Charakter unserer Realität ist seit Jahrhunderten ein Beschäftigungsfeld der Philosophie. In vielfältigen Variationen stehen sich die Anschauungen der Realisten und die der Idealisten gegenüber – oder sie lösen einander ab.

Es ist nicht beabsichtigt, mit diesem Buch philosophische oder erkenntnistheoretische Erörterungen zu beginnen –, im Gegenteil! Hier geht es um die praktische Anwendung eines Systems, mit dem wir auf direktem Weg zum »Wissen« gelangen. Doch unser Weg ist der Weg mit Herz; es ist nicht der Weg intellektuellen Verstehens. Dennoch bleiben uns einige kurze theoretische Überlegungen nicht erspart.

Wir müssen Klarheit über die Prämisse von Don Juans »Zauberei« gewinnen. Nur dann kann es uns gelingen, seine Lehre in ihrem gesamten Umfang zu verstehen und anzuwenden. Don Juans Lehre basiert auf einer besonderen Vorstellung von Welt und Wirklichkeit.

»Wir sind wahrnehmende Wesen. Die Welt, die wir wahrnehmen, ist jedoch eine Illusion. Sie ist entstanden durch eine Beschreibung, die man uns seit dem Augenblick unserer Geburt erzählt hat.«

Diese Auffassung steht in fundamentalem Widerspruch zum Realitätsverständnis unserer Zeit. Heutzutage betrachtet niemand die Welt als Illusion oder sieht sie abhängig von einer Beschreibung. Für uns ist diese Welt, wie wir sie sehen und erleben, eine unabänderliche Realität. Sie besitzt eine eigenständige Existenz, unabhängig von uns und unserem Dasein. Wir betreten die Welt mit der Geburt und wir verlassen sie wieder, wenn wir sterben. Wir, das Subjekt, stehen der Welt, dem Objekt, gegenüber.

Für Don Juan dagegen sind Subjekt und Objekt eine Einheit. Er sieht den einzelnen nicht einer bereits vorhandenen Welt gegenüberstehen, sondern er begreift diese Welt als von jedem einzelnen für sich selbst geschaffen. Für ihn ist die Welt und die Wirklichkeit ein subjektives Phänomen.

»Wenn wir die Welt anschauen und wenn wir sie hören, dann haben wir den Eindruck, daß sie da draußen ist und daß sie real ist. Wenn wir die Welt mit unserem ›Willen‹ erkennen, dann wissen wir, daß sie gar nicht so sehr ›da draußen‹ oder real ist, wie wir glauben.«

Wo aber befindet sich die Welt, wenn sie nicht »da draußen«, außerhalb von uns existiert? Ist sie ein Produkt unserer Phantasie? Dann wäre jeder einzelne der Schöpfer seiner Wirklichkeit! Wie können wir diesen Vorgang verstehen?

»Sieh mal, die Leute sagen uns von Geburt an, die Welt sei so und so beschaffen, und natürlich bleibt uns nichts andres übrig, als die Welt so zu sehen, wie die Leute sagen, daß sie sei... Wir sind leuchtende Wesen. Wir

24

sind Wahrnehmung. Wir sind Bewußtsein. Wir sind keine Objekte, wir haben keine feste Konsistenz, wir sind grenzenlos. Die Welt der festen Objekte ist ein Mittel, unsere Wanderschaft auf Erden angenehm zu machen. Sie ist nur eine Beschreibung, geschaffen, um uns zu helfen.«

Gemäß Don Juan entsteht unsere Welt somit als Folge einer Beschreibung, die uns von unseren Mitmenschen geliefert wird und die wir schließlich akzeptieren. Er hatte große Mühe, Carlos Castaneda von diesem gedanklichen Ansatz zu überzeugen.

»Um diese Prämisse zu begründen, gab Don Juan sich alle Mühe, mich davon zu überzeugen, daß das, was in meinen Augen die wirklich vorhandene Welt war, nur eine Beschreibung der Welt sei; eine Beschreibung, die mir seit dem Augenblick meiner Geburt eingehämmert worden sei.
Jeder, der mit einem Kind in Kontakt komme, erklärte er, sei ein Lehrer, der unaufhörlich die Welt erkläre, bis zu dem Augenblick, wo das Kind die Welt so wahrnehmen könne, wie sie ihm erklärt wird. Nach Don Juan haben wir keine Erinnerung an diesen folgenschweren Augenblick, einfach weil wir keinen Bezugsrahmen hatten, in dem wir ihn mit etwas anderem hätten vergleichen können. Doch von diesem Augenblick an ist das Kind ein Mitglied. Es kennt die Beschreibung der Welt; und es erreicht, glaube ich, die volle Mitgliedschaft, wenn es in der Lage ist, alle seine Wahrnehmungen so zu deuten, daß sie mit dieser Beschreibung übereinstimmen und sie dadurch bestätigen.«

Don Juans Weltverständnis beinhaltet somit eine Unterscheidung zwischen unserer künstlich geschaffenen Wirklichkeit und der in Wahrheit vorhandenen Realität. Er behauptet, die von uns als Wirklichkeit erlebte Welt sei weder die gesamte noch die tatsächliche Realität. Die Realität ist in Wahrheit unbegrenzt. Sie ist das »Absolute Ganze«, das alle Bereiche und Ebenen des »Seins« in einer unendlichen Vielfalt von Manifestationen umfaßt. Durch die Beschreibung der Welt, die uns im Rahmen des Sozialisationsprozesses eingehämmert wird, reduziert sich diese unbegrenzte Realität auf den begrenzten Bereich der Wirklichkeit. Die Manipulation, der wir unterliegen, ist also weit mehr als ein profaner Akt der Namensgebung für einzelne, von Anfang an vorhandene Objekte. Es handelt sich vielmehr um einen tatsächlichen Schöpfungsakt.

Wir erschaffen unsere Welt gemäß der Beschreibung unserer Mitmenschen. Es fällt uns im allgemeinen schwer, dies zu verstehen. Darum ist es nützlich, wenn wir uns beide Denkansätze, wie sie in Don Juans Prämisse enthalten sind, noch einmal vor Augen führen.

»Die Welt, die wir wahrnehmen, ist eine Illusion. Sie ist entstanden durch eine Beschreibung, die man uns seit dem Augenblick unserer Geburt erzählt hat.«

Und

»Wenn wir die Welt mit unserem ›Willen‹ erkennen, dann wissen wir, daß sie gar nicht so sehr ›da draußen‹ oder real ist, wie wir glauben.«

Wenn wir diese beiden Sätze inhaltlich zusammenfassen, erhalten wir folgende Aussage: Unsere Welt ist entstanden durch eine Beschreibung, und sie besitzt keine außerhalb von uns befindliche Realität. Es handelt sich somit um eine reine Imagination!

Sobald wir diese Imagination als Wirklichkeit anerkannt haben, verschließt sich für uns der Zugang zur wahren Realität. Ob diese Realität nun gemäß den philosophischen Ansätzen des Realismus als »Ding an sich«, das heißt außerhalb und unabhängig von uns existiert oder ob es sich im Sinne des Idealismus um eine »innere« Realität handelt, bleibt zunächst unbeantwortet. Das ist auch in diesem Zusammenhang nicht wesentlich. Wichtig ist nur, und darauf kommt es Don Juan an, daß wir unsere Wirklichkeit als eine von uns selbst geschaffene Imagination erkennen, die uns von der Wahrheit abschirmt.

Wir wollen uns diesen Vorgang an einem Beispiel verdeutlichen.

Betrachten wir einen aufrecht auf einer Ebene stehenden Menschen. Dieser Mensch ist in der Lage, das gesamte um ihn liegende Land zu überblicken. Nun beginnen wir um ihn herum eine kreisförmige Mauer zu errichten. Sobald wir eine gewisse Höhe erreicht haben, behindert das Mauerwerk seine freie Sicht. Bevor wir unseren Turm fertigstellen, installieren wir im Inneren des Bauwerks einen Filmprojektor. Wir legen einen Film ein und ordnen das Gerät so an, daß die Bilder auf die Innenseite der gewölbten Wand geworfen werden. Dann decken wir das Ganze mit einer runden Steinplatte ab und erklären dem vollständig eingeschlossenen Menschen: »Das, was du nun sehen kannst, ist die Welt, in der du lebst!«

Es ist natürlich kaum möglich, mit einem Beispiel den wahren Vorgang zu erfassen. Don Juan benutzt ein anderes Modell, um Castaneda die Subjektivität und Begrenztheit seiner Welt vor Augen zu führen. Er behauptet, die

Beschreibung der Welt, die wir von unseren Mitmenschen erhalten haben, manipuliere unser Wahrnehmungsvermögen. Grundsätzlich sei es jedem möglich, die unbegrenzte Realität wahrzunehmen und zu erleben. Durch die erhaltene Beschreibung werden unsere Wahrnehmungsmöglichkeiten jedoch beschränkt, und so entsteht jener Bereich, den unsere Mitmenschen als Wirklichkeit definiert haben.

»Die Zauberer behaupten, daß wir in einer Blase stecken. In einer Blase, in die wir im Augenblick unserer Geburt gesteckt werden. Zuerst ist die Blase offen, aber dann beginnt sie sich zu schließen, bis sie uns ganz eingeschlossen hat. Diese Blase ist unsere Wahrnehmung. Unser Leben lang leben wir in dieser Blase, und was wir an ihren gewölbten Wänden sehen, ist nur unser eigenes Spiegelbild... Das, was da reflektiert wird, ist unsere Ansicht der Welt. Diese Ansicht ist zuerst eine Beschreibung, die uns vom Augenblick unserer Geburt gegeben wird, bis unsere ganze Aufmerksamkeit von ihr gefangengenommen wird und die Beschreibung eine Ansicht wird.«

Woran liegt es, daß wir auf diese Beschreibung, die uns unsere Mitmenschen aufzwingen, so gutwillig reagieren und sie als Wirklichkeit akzeptieren? Don Juan behauptet, dies läge an unserem Verstand.

»Wir sind leuchtende Wesen, mit zwei Ringen der Kraft geboren, aber wir benutzen nur einen davon, um die Welt zu erschaffen. Dieser Ring, der sich schließt, bald nachdem wir geboren sind, ist die Vernunft – und ihr Begleiter das Sprechen. Gemeinsam hecken die beiden diese Welt aus und halten sie in Schwung. Die Welt, die deine Vernunft erhalten möchte, ist also im Grunde eine Welt, geschaffen durch eine Beschreibung und ihre dogmatischen, unumstößlichen Regeln, welche die Vernunft zu akzeptieren und zu verteidigen lernt.«

Letztlich ist also der Verstand für unsere unvollkommene Wirklichkeit verantwortlich. Der Verstand akzeptiert die uns gegebene Beschreibung der Welt und stürzt uns in die Illusion, neben dieser Wirklichkeit sei nichts andres vorhanden. Er tut dies, indem er unsere Wahrnehmungen ausschließlich so interpretiert, daß sie mit der ihm vorliegenden Beschreibung übereinstimmen. Carlos Castaneda:

»Für Don Juan besteht die Wirklichkeit unseres alltäglichen Lebens daher aus einem endlosen Fluß von Wahrnehmungsinterpretationen, die wir, die Individuen, denen eine bestimmte Mitgliedschaft gemeinsam ist, gemeinsam anzustellen gelernt haben.«

Don Juan drückt das gleiche etwas anders aus.

»Denk dran: die Welt erschließt sich uns nicht unmittelbar! Dazwischen steht die Beschreibung der Welt. Genaugenommen sind wir also stets einen Schritt weit von ihr entfernt, und unsere Erfahrung der Welt ist stets eine Erinnerung an die Erfahrung. Immerfort erinnern wir uns an den Augenblick, der soeben geschehen und vorüber ist. Wir erinnern, erinnern, erinnern uns.«

Um uns diese Wahrnehmungsinterpretation verständlich zu machen, können wir unseren Verstand in dieser Funktion mit einem Filtersystem vergleichen. Unsere Wahrnehmungen haben den Filter zu durchlaufen, bevor sie in das

Bewußtsein gelangen. Sie werden nach einem einfachen Kriterium sortiert: der Verstand unterscheidet sie in »richtig« und »falsch«.

Richtig sind die Wahrnehmungen, die mit der Beschreibung der Welt übereinstimmen. Sofern diese Übereinstimmung nicht vorliegt, sind die Wahrnehmungen falsch. Die falschen Wahrnehmungen werden aussortiert und unterdrückt, die richtigen können den Filter passieren und gelangen so zur Bewußtheit. Auf diese Weise gelingt es unserem Verstand, eine vollständige Übereinstimmung der Beschreibung und unserer Wirklichkeit herzustellen.

Auch dies ist ein Anschauungsmodell. Das tatsächliche Geschehen ist mit Sicherheit vielfach komplizierter. Dennoch erhalten wir durch dieses Beispiel die Möglichkeit, der Zielsetzung Don Juans näherzukommen: Carlos Castaneda soll *sehen* lernen.

Sehen, wie Don Juan es versteht, bedeutet ein unmittelbares, nicht interpretiertes Erleben der Realität. Diesen unmittelbaren Zugang zum »Absoluten Ganzen« können wir nur dann erreichen, wenn es uns gelingt, den Verstand »auszuschalten« oder ihn zu »umgehen«. Unsere Wahrnehmungen müssen ungefiltert in unser Bewußtsein gelangen. Don Juan nennt das »Ausschalten des Verstandes« das »Anhalten des Inneren Dialogs«.

»Die Welt ist so und so, nur weil wir sagen, daß sie so und so sei. Wenn wir aufhören zu sagen, daß die Welt so und so sei, dann wird die Welt aufhören so und so zu sein. Ein Krieger ist sich dessen bewußt und bemüht sich, dieses innere Gespräch einzustellen. Ein Krieger ist sich bewußt, daß die Welt sich verändert, sobald er aufhört, mit sich selbst zu sprechen ... Der Schlüssel zur Welt der Zauberer ist das Anhalten des inneren Dialogs.«

Das also ist das Ziel von Don Juans Lehre: Wir sollen unseren »Inneren Dialog« anhalten, um *sehen* zu können. Es ist sein Wunsch, uns den Zugang zur Realität zu verschaffen. Er will uns von der Illusion befreien, die wir Wirklichkeit nennen. Dieses Ziel erreichen wir nur durch einen langen Kampf. Wir müssen unseren Verstand besiegen. Er wird niemals freiwillig seine Kontrollfunktion aufgeben und schweigen. Carlos Castaneda:

»Was ich tun möchte – und vielleicht wird es mir gelingen – ist, die Kontrolle von meiner Vernunft wegzunehmen. Mein Leben lang hat mein Verstand die Herrschaft innegehabt, und eher würde er mich umbringen, als seinen Griff zu lockern. Zu einem Zeitpunkt meiner Lehre war ich tief deprimiert. Ich wurde von Entsetzen, Trübsinn und Selbstmordgedanken überwältigt. Dann warnte mich Don Juan, daß dies nur ein Trick der Vernunft sei, um die Kontrolle zu behalten. Er erklärte, daß die Vernunft meinem Körper das Gefühl eingab, das Leben wäre sinnlos. Nachdem mein Verstand diese letzte Schlacht geführt und verloren hatte, begann die Vernunft den ihr gebührenden Platz als Werkzeug des Körpers einzunehmen.«[4]

Die Vernunft als Werkzeug – nicht als Wächter und Zensor. Erst wenn wir dies erreicht haben, sind wir in der Lage, den »Inneren Dialog« anzuhalten und sie Realität zu *sehen*. Bis dahin bleibt diese Welt unsere Wirklichkeit, so wie wir es von unseren Mitmenschen gelernt haben.

»Das ist ja der Fehler an den Worten, sagte er (Don Juan) in überzeugendem Ton. Sie zwingen uns stets, uns aufgeklärt zu fühlen, aber kaum drehen wir uns um und betrachten die Welt, wie sie ist, lassen sie uns im Stich, und wir betrachten die Welt schließlich, wie wir es immer taten, ohne jede Aufklärung. Aus diesem Grund ist der Zauberer bestrebt, lieber zu handeln statt zu sprechen, und zu diesem Zweck übernimmt er eine neue Beschreibung der Welt – eine neue Beschreibung, wo Reden nicht so wichtig ist und wo neue Taten neue Reflektionen nach sich ziehen.«

»Nicht der Gedanke an das, was dir bevorsteht,
sondern die Vorstellung, daß du dein Leben lang
das tun mußt, was du immer getan hast,
sollte dich schauern machen ...«

Don Juan

Vier Feinde auf dem Weg zum Wissen

Bevor wir uns dazu entschließen, das »Wissen« um die Realität zu erlangen, sollten wir uns mit den spezifischen Gefahren vertraut machen, die uns auf unserem Weg erwarten. Der Weg ist steil und mühsam. Er will von uns erzwungen werden. Wir benötigen unsere gesamte Kraft, um ihn zu gehen. Nicht nur Widerstände und Schwierigkeiten, auch Rückschläge und Zweifel werden unsere Begleiter sein.

»Wir müssen angetrieben werden, damit wir lernen. Auf dem Pfad des Wissens kämpfen wir ständig gegen irgend etwas, vermeiden etwas oder bereiten etwas vor. Und dieses Etwas ist stets unerklärlich und größer und mächtiger als wir selbst.«

Wenn wir zum »Wissen« gelangen wollen, ist es von uns gefordert, die ausgetretenen Pfade unseres auf dem sicheren Boden der Wirklichkeit organisierten Daseins hinter uns zu lassen. Wir müssen uns hinaufwagen in die bizarren Höhen des Unbekannten, um die Realität zu erleben. Dies erfordert unseren Mut, unsere Aufmerksamkeit und unsere Zuversicht. Don Juan vergleicht den »Weg zum Wissen« mit einem Hinausziehen in den Krieg.

> »Ein Mann macht sich auf zum Wissen, wie er sich zum Krieg aufmacht, hellwach, voller Furcht und Achtung und absoluter Zuversicht. Wer sich auf andere Weise zum Wissen oder zum Krieg aufmacht, begeht einen Fehler, und wer immer ihn macht, wird seine Schritte ewig bereuen.«

Nur wenn wir die Gefahren nicht unterschätzen, mit denen wir konfrontiert werden, können wir unsere Niederlage vermeiden. Neben unseren vielfältigen persönlichen Unzulänglichkeiten sind es in erster Linie vier spezielle Feinde, mit deren Widerstand und Irreführung wir rechnen müssen.

Unser erster Feind ist die *Furcht*.

Es ist die Furcht von dem Unbekannten und dem Neuen. Wir müssen althergebrachte, vertraute Positionen verlassen und uns dem Neuen öffnen; das macht uns Angst. Wir müssen uns selbst und unser bisheriges Weltbild in Frage stellen. Neue Verhaltensweisen sind einzuüben, Verhaltensweisen, die in der uns bekannten Beschreibung der Welt nicht vorgesehen sind. Dies führt zu Unverständnis und Widerständen in unserer Umgebung und in uns selbst. Wir geraten schnell in die Position eines Außenseiters, weil wir nicht länger uneingeschränkt Mitglied sind in der Glaubensgemeinschaft an die Wirklichkeit.

Diese Dinge können uns ängstigen und uns befürchten lassen, den Boden unter den Füßen zu verlieren. Wir möchten uns davor bewahren, unsere Wirklichkeit mit all ihren

Werten und Normen in Trümmern liegen zu sehen. Doch es bleibt uns nicht erspart, diese Angst zu überwinden und den ersten Schritt zu tun. In unserem Fall heißt dieser Schritt: *Handeln!* Wir müssen beginnen zu handeln und den Weg zu gehen, trotz der Furcht oder mit der Furcht.

Die Furcht als der erste Feind stellt sich zwischen uns und unseren Weg. Es ist die Absicht der Furcht, uns von unserem Vorhaben, zur Realität zu gelangen, abzubringen. Wir müssen die Furcht als eine Waffe unseres Verstands erkennen. Der Verstand fürchtet um die von ihm behütete Wirklichkeit. Er will uns bewahren vor der Realität. Er beschützt uns vor den Teilen der Realität, die wir nicht in unsere Welt und in unser ›Ich‹ integriert haben.

Das Überwinden der Furcht am Beginn des Weges bedeutet nicht, daß wir sie für immer besiegt haben. Wir haben nur den ersten Schritt getan. Der Weg ist frei, wir können ihn gehen. Immer wieder jedoch, wenn wir neue, andere Teile der Realität entdecken und uns zu eigen machen, kann die Furcht auftauchen. Und sie wird jedesmal vorhanden sein, wenn wir einen Teil unserer bisherigen Wirklichkeit als Illusion entlarven. Es erfordert einen langen Kampf, um die Furcht endgültig zu besiegen. Erst mit zunehmender Übersicht und Klarheit kann uns dies gelingen. Wenn wir statt der Furcht die Klarheit gewonnen haben, dann sind wir für den Rest unseres Lebens frei von ihr. Und doch ist dies ein zweifelhafter Sieg.

In der gewonnenen *Klarheit* offenbart sich unser zweiter Feind.

Genau wie die Furcht ist die Klarheit nur eine Waffe des Verstands, um uns von unserem Weg abzubringen. Unser weiteres Voranschreiten soll verhindert werden.

Die Klarheit vermittelt uns die Illusion, wir seien am Ziel, und die Erfahrungen, die wir gesammelt haben, seien bereits die entscheidenden. Wir übersehen dabei jedoch, daß der Gipfel weit entfernt ist, und fühlen uns als Sieger, obwohl wir nur eine Schlacht gewonnen haben. Es wird nicht leicht für uns sein, diesem Feind zu widerstehen. Seinen Angriffen erliegen viele. Auch die Mutigsten, die sich aufgemacht haben zum »Wissen« und ohne Schwierigkeiten die Furcht besiegen konnten, werden häufig ein Opfer der Klarheit.

Während sich die Furcht uns offen zum Kampf stellt, überfällt uns die Klarheit aus dem Hinterhalt. Sie greift kaum merklich an und läßt uns glauben, wir hätten die Realität bereits erreicht. Mit Scheuklappen fixiert sie uns auf einen Punkt und macht uns blind für unseren wirklichen Standort. Durch die Überheblichkeit, die sie auslöst, und durch die vermeintliche Übersicht, die sie vorgaukelt, werden wir unfähig, neue Impuls aufzunehmen und neue Erfahrungen zu sammeln. Wir erhalten die Neigung, uns einzuigeln in unserem vermeintlichen Wissen.

Diese Klarheit muß überwunden werden, sonst ist unser weiteres Voranschreiten unmöglich. Wir müssen die Klarheit ignorieren. Wir müssen so tun, als sei sie nicht vorhanden. Trotz der Klarheit müssen wir Schritt für Schritt vorangehen. Wir haben uns dem Neuen zu öffnen und unser Wissen immer wieder in Frage zu stellen. Wenn wir dies tun, wird der Moment kommen, wo wir erkennen, daß unsere Klarheit nur eine Illusion war. Ein tückisches Mittel des Verstandes, um uns in die Irre zu führen.

Furcht und Klarheit müssen wir besiegen, nur so kommen wir voran auf unserem Weg. Wir machen neue Erfahrungen und gewinnen neue Ansichten von Welt und Wirklichkeit. Und während wir dies tun, laufen wir unserem dritten Feind in die offenen Arme.

Dieser Feind ist die *Macht*.

Don Juan beschreibt die Macht als den gefährlichsten unserer Feinde. Wir gewinnen Macht durch die Lernprozesse und Erfahrungen auf unserem Weg. Dadurch, daß wir die Zusammenhänge erkennen, nach denen unsere Welt aufgebaut ist, erhalten wir auch die Möglichkeit, sie zu manipulieren. Wir können in unserem Sinne auf das Geschehen und auf unsere Mitmenschen Einfluß nehmen. Das wäre »Schwarze Magie«. Wenn wir der Macht zum Opfer fallen, verwenden wir unser Wissen zu eigennützigen Zwecken. Wir beeinflussen unsere Umwelt gemäß unserem Willen und zu unserem Vorteil. Sobald wir dies tun, sind wir nicht länger Lernende, denen es um die Wahrheit geht.

Die Macht behindert uns auf unserem Weg, denn wir dürfen nicht zulassen, sie durch neue Erkenntnisse in Frage zu stellen. Sie hält uns fest kurz vor dem Ziel, und wenn wir ihr erliegen, gibt es für uns keine Möglichkeit, jemals zur Realität zu gelangen. Es ist schwierig, mit diesem Feind fertig zu werden. Der Erfolg wird von unserer Aufrichtigkeit abhängen, die Wahrheit zu erfahren. Nur wenn der »Weg zum Wissen« für uns ein Selbstzweck ist, wenn wir ihn als Lebensaufgabe und eigentliche Bestimmung des Menschen empfinden, werden wir in der Lage sein, uns der Macht zu widersetzen. Sofern uns dies jedoch gelingt, können wir unseren Weg fortsetzen, und dann stoßen wir über kurz oder lang auf den vierten und letzten Feind:

das *Alter*.

Diesen Feind können wir nicht wirklich besiegen. Alter und Tod sind die Endstufen des Lebens in unserer Wirklichkeit. Doch wir können der Tatsache gewahr sein, daß beides auf uns wartet. Wir können uns mit dem Gedanken an das Alter und den Tod vertraut machen. Es wäre falsch, wenn wir beide Dinge ›vergessen‹ und verdrängen würden. Wir müssen mit dem Alter rechnen. Wir müssen einkalkulieren, daß dieser Feind uns langsam unsere Kräfte raubt.

Elan und Tatkraft sind im Alter geschwächt. Unsere Energie läßt nach. Wir werden nicht mehr mit der gleichen Frische und Unbekümmertheit wie in jungen Tagen unseren Weg gehen können. Diese Dinge müssen wir rechtzeitig bedenken, damit wir keine Zeit verlieren, um die letzten Schritte zu gehen. Wir müssen diese Schritte tun, bevor das Alter uns die Energie dazu raubt. Wenn wir uns der ständigen Nähe des Todes bewußt sind und wenn wir daran denken, daß uns jeder Tag ein Stück näher bringt an die Kraftlosigkeit des Alters, dann werden wir mit der uns verbleibenden Zeit so ökonomisch umgehen, daß wir unser Ziel, die Realität rechtzeitig erreichen.

»Für mich gibt es nur das Gehen auf Wegen, die Herz haben, auf jedem Weg gehe ich, der vielleicht ein Weg ist, der Herz hat. Dort gehe ich, und die einzig lohnende Herausforderung ist, seine ganze Länge zu gehen.
Und dort gehe ich und sehe und sehe atemlos.«

Kapitel II

Der Weg in die Praxis

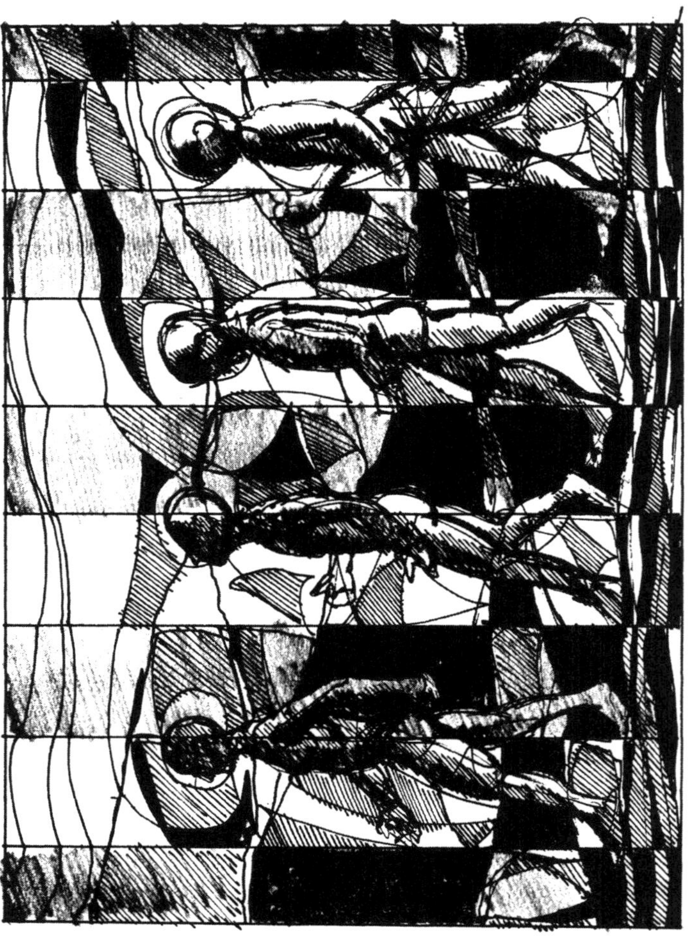

A. Verhaltenskodex

»Ich bin ein Jäger. Ich überlasse sehr wenig dem Zufall. Vielleicht sollte ich dir verraten, daß ich erst lernen mußte, ein Jäger zu sein. Ich habe nicht immer so gelebt, wie ich heute lebe. Es gab einen Punkt in meinem Leben, an dem ich mich ändern mußte. Jetzt zeige ich dir die Richtung. Ich führe dich. Ich weiß, wovon ich spreche; ich habe all das von einem anderen gelernt. Ich habe es nicht von selbst herausgefunden.«   Don Juan

Ein Jäger sein

Don Juan beginnt seine praktischen Unterweisungen, indem er Carlos Castaneda in die Methoden der Jagd einführt. Er soll lernen, »Kraft« zu jagen. Um ihm ein Verständnis für das Jagen der »Kraft« zu vermitteln, benutzt Don Juan die konkrete Ebene der Jagd nach Wild.

»Wenn man nach Kraft jagt, gibt es keinen Plan. Kraft jagen und Wild jagen ist dasselbe. Ein Jäger jagt, was sich ihm bietet. Darum mußt du immer bereit sein.«

Was diese »Kraft« nun eigentlich ist, das erfahren wir nur in einigen sehr vagen Bemerkungen Don Juans:

»Persönliche Kraft ist ein Gefühl. So etwas wie Glücklichsein. Oder man könnte es eine Stimmung nennen. Persönliche Kraft ist etwas, das man unabhängig von seiner Herkunft erwirbt. Wie ich dir schon sagte: ein Krieger ist ein Mann, der nach Kraft jagt, und ich lehre dich, Kraft zu jagen und sie zu speichern. Wie uns allen fällt es dir schwer, dich überzeugen zu lassen. Du mußt glauben, daß man sich der persönlichen Kraft bedienen kann und daß es möglich ist, sie zu speichern . . .«

Die besondere Bedeutung, die Don Juan der »Persönlichen Kraft« zumißt, wird deutlich, wenn wir hören, welchen entscheidenden Einfluß er ihr zugesteht.

»Es spielt keine Rolle, wie man erzogen wurde. Was darüber entscheidet, wie man etwas tut, ist die persönliche Kraft. Ein Mensch ist nur die Summe seiner persönlichen Kraft, und diese Summe entscheidet, wie er lebt und wie er stirbt.«

Wenn wir unser Leben in der von Don Juan beschriebenen Form des Jägers führen, dient das dem Aufspeichern von »Persönlicher Kraft«. In diesem Stadium der Lehre kommt es ihm darauf an, Castaneda einen bestimmten Katalog von Verhaltensweisen beizubringen, die eine Veränderung seiner bisherigen Lebensgewohnheiten, hin zu einer größeren Disziplinierung, bewirken sollen.

»Eines Tages stellte ich fest: wenn ich ein Jäger sein wollte, der Selbstachtung haben darf, müßte ich meine

Lebensweise ändern. Ich habe früher reichlich gejammert und geklagt. Aber dann nahm sich das Glück meiner an und lehrte mich das Jagen. Und ich erkannte, daß die Art, wie ich gelebt hatte, nicht lebenswert war ... also änderte ich sie.«

Castaneda soll lernen, mit einem Minimum an äußeren Mitteln zur Befriedigung seiner Lebensbedürfnisse auszukommen. Nur auf diese Weise ist es ihm möglich, sich von vorhandenen Abhängigkeiten und Fixierungen zu befreien. Er gewinnt so das notwendige Maß an Flexibilität, um auf dem »Weg zum Wissen« voranzuschreiten. Natürlich fällt es ihm schwer, mit seinen alten Lebensgewohnheiten zu brechen. Er ist zu sehr von seiner Welt des sorglosen Überflusses geprägt, um Don Juans Selbstdisziplin und Selbstbeschränkung nachvollziehen und verstehen zu können.

»Ich weiß, daß du störrisch bist, aber das macht nichts. Um so besser wird es sein, wenn es dir schließlich gelingt, dich zu ändern.«

Zu einer Veränderung in unserem Verhalten und in unseren Ansprüchen kann es nur kommen, wenn wir die Notwendigkeit einer solchen Veränderung einsehen und sie wirklich wollen.

»Unglücklicherweise sind Veränderungen schwierig und sehr sehr langwierig; manchmal braucht ein Mensch Jahre, um sich von der Notwendigkeit einer Veränderung zu überzeugen. Ich brauchte Jahre, aber vielleicht hatte ich keine Begabung für die Jagd. Ich glaube, das Schwerste für mich war, mich wirklich ändern zu wollen.«

Um unseren Weg zu gehen, brauchen wir persönliche Freiheit, nicht Abhängigkeit von Lebensgewohnheiten und materiellen Gütern. Wir brauchen Disziplin und Festigkeit, um mit den Schwierigkeiten fertig zu werden, die uns erwarten. Dies sollte uns von der Notwendigkeit überzeugen, unsere Lebensgewohnheiten zu ändern.

Don Juan lehrt Castaneda zwei Methoden, um seine Abhängigkeiten aufzuheben und um die Festigkeit in seinen Handlungen zu fördern:

Unerreichbar sein

Castaneda soll lernen, sich »unerreichbar« zu machen. Diese »Unerreichbarkeit« hat einen dreifachen Zweck:
1. sie befreit ihn von materiellen Abhängigkeiten,
2. sie macht ihn unabhängig von der Zustimmung oder Ablehnung durch seine Mitmenschen,
3. sie verhindert Projektionen und Erwartungen, die andere Menschen in ihn setzen.

»Du mußt lernen, willkürlich erreichbar und unerreichbar zu sein. So wie du jetzt lebst, bist du jederzeit erreichbar, ohne es zu wollen.«

Wir gewinnen Unabhängigkeit von materiellen Gütern, wenn wir einsehen, daß wir bereits mit wenigen Mitteln unser Leben bestreiten können. Diese Einsicht müssen wir jedoch praktisch erwerben, theoretische Überlegungen genügen nicht. Wir müssen die Erfahrung machen, daß wir zur Sicherung unserer Existenz nur ein Minimum dessen brauchen, was wir üblicherweise als lebensnotwendig betrachten.

44

Ferner müssen wir erleben, daß wir uns dieses wenige jeden Tag neu beschaffen können und daß wir uns darum nicht zu sorgen brauchen. Solche Erfahrungen geben uns Sicherheit, und sie verschaffen uns ein neues Verhältnis zu den Dingen. Wir sind weniger abhängig vom Vorhandensein einer Sache, weil wir wissen, daß wir 90 Prozent der Dinge, mit denen wir uns umgeben, in Wahrheit nicht brauchen. Dies vermindert unsere Sorgen über die finanzielle und materielle Grundlage unserer Existenz. Wir werden auf dieser Ebene unseres Daseins frei und »unerreichbar«.

»Ein Jäger weiß, daß ihm immer wieder Tiere in die Falle laufen werden, darum sorgt er sich nicht. Sich sorgen heißt, erreichbar, unvorbereitet erreichbar zu sein. Sobald man sich sorgt, klammert man sich wahllos an alles mögliche; und sobald man sich anklammert, wird man sich unweigerlich erschöpfen, oder man erschöpft denjenigen oder dasjenige, woran man sich klammert.«

Im zweiten Aspekt heißt es, Unabhängigkeit von der Zustimmung oder Ablehnung durch unsere Mitmenschen zu gewinnen. Ein solcher Prozeß beinhaltet mehrere gemeinsam wirkende Komponenten. Wir erreichen diese Unabhängigkeit bereits in großem Maß durch unsere im materiellen Bereich gewonnene Freiheit. Sobald wir unseren Mitmenschen aus materiellen oder finanziellen Gründen nicht mehr gefallen müssen, verliert ihre Bewertung erheblich an Gewicht.

Erreichbar machen wir uns, wenn wir von unseren Mitmenschen etwas wollen. Das gilt in besonderem Maß, wenn sich unser Wunsch auf materielle Dinge richtet. Die Auflösung unserer materiellen Abhängigkeit ist somit auch hier der erste Schritt für uns, »unerreichbar« zu werden. Daneben spielen seelische und emotionale Bindungen eine große Rolle. Don Juan empfiehlt uns, auch hier eine Überprüfung und Reduzierung auf das notwendige Maß vorzunehmen.

Wenn wir in unseren Stimmungen und Gefühlen von anderen Menschen abhängig sind, machen wir uns in höchstem Maße »erreichbar«. Wir brauchen Disziplin und Selbstbeschränkung, um diesem Zustand zu entgehen. Ferner müssen wir uns von der Illusion befreien, für andere verantwortlich zu sein. Verantwortung tragen wir nur für uns selbst. Und es erfordert bereits ein hohes Maß an Einsicht und Courage, diese Verantwortung zu übernehmen. Wenn wir sie jedoch aufbringen, dann wird sich auch unser Verhältnis zu den Mitmenschen durch Disziplin und Verantwortung auszeichnen.

> »Unerreichbar zu sein bedeutet, daß man die Welt um einen herum nur wohldosiert berührt. Man benutzt und preßt Menschen nicht aus, bis sie zu einem Nichts schrumpfen, besonders nicht Menschen, die man mag ... Du wirst jeden Menschen verlieren, für den du immer erreichbar bist. Denn in diesem Fall wird euer Leben zu einer Routine.«

Der dritte Aspekt des »Unerreichbarseins« bezieht sich auf die Projektionen und Erwartungen, mit denen unsere Mitmenschen uns festlegen. Wir müssen uns von ihren Vorstellungen befreien. Helmut Coerper schreibt:

> »Wenn andere Menschen zu viel über jemanden wissen – wie er lebt, was ihn bewegt, mit wem er umgeht –, schätzen sie ihn immer auf eine bestimmte Weise ein und stellen entsprechende Erwartungen an ihn, verlangen von ihm bestimmte Rollen. Damit aber bemächtigen sie sich

seiner Person und machen ihn unfrei und verletzbar. Wohin soll sich einer zurückziehen, der von anderen derart durchschaut wird, daß jeder sich ausrechnen kann, wo er zu finden und zu beanspruchen ist.«[2]

Um Freiheit in unserem Handeln zu erreichen, müssen wir die Erwartungen unserer Mitmenschen ausschalten. Nur dann ist es gewährleistet, daß wir nicht immer wieder in festgelegte Rollen hineinmanipuliert werden. Die Vorstellungen und Erwartungen unserer Mitmenschen sind von der Anzahl und der Qualität der Informationen abhängig, die sie von uns besitzen. Wir werden somit »unerreichbar«, wenn wir diese Informationen auf ein Minimum reduzieren.

»Du mußt dich entziehen. Du mußt dich von der Mitte der Straße entfernen. Dein ganzes Sein ist dort, also ist es zwecklos, dich zu verstecken; du würdest dir nur einbilden, du seist verborgen. Auf der Mitte der Straße zu sein bedeutet, daß jeder Vorbeigehende dein Kommen und Gehen beobachtet.«

Wenn wir alle drei Aspekte des »Unerreichbarseins« verwirklichen, sind wir von unserer Umwelt in einem hohen Grad unabhängig. Wir gewinnen die persönliche Freiheit, die notwendig ist, um den Weg zur Realität gehen zu können. »Unerreichbarsein« bedeutet jedoch nicht, daß wir uns von unserer Umgebung isolieren. Es bezieht sich vielmehr auf die innere Einstellung, mit der wir dem Leben begegnen.

»Unerreichbar zu sein heißt nicht, sich zu verstecken oder diskret zu leben. Es bedeutet auch nicht, daß man mit anderen Menschen nichts zu tun haben darf. Ein Jäger benutzt seine Welt wohldosiert und liebevoll, ganz gleich, ob diese Welt aus Dingen oder Pflanzen, aus Tieren oder Menschen besteht. Ein Jäger steht mit der Welt auf vertrautem Fuß, und doch ist er für eben diese Welt unerreichbar, weil er seine Welt nicht auspreßt; er berührt sie behutsam, verweilt, so lange es nötig ist, und entfernt sich, ohne eine Spur zu hinterlassen.«

Als Jäger zeichnen wir uns aber nicht nur durch unsere Unerreichbarkeit aus, hinzukommen muß eine bestimmte Art und Weise des Handelns. Die ergänzende Technik, die Don Juan daher lehrt, soll die Festigkeit unserer Handlungen stärken.

Jede Handlung – die »Letzte Schlacht auf Erden«

Don Juan empfiehlt Castaneda, jede Tat als seine letzte Schlacht auf Erden zu betrachten. Nur dann haben die Handlungen eines Menschen die Kraft und Intensität, die ihnen zusteht.

»Handlungen haben Kraft. Besonders, wenn derjenige, der handelt, weiß, daß diese Handlung seine letzte Schlacht ist. Es ist ein eigenartig erfüllendes Glück, wenn wir im vollen Wissen handeln, daß alles, was wir tun, sehr wohl unsere letzte Schlacht auf Erden sein kann. Ich rate dir, dein Leben neu zu überdenken und deine Handlungen in diesem Licht zu prüfen.«

Wir müssen ein intimes Verhältnis zu unserem Tod entwickeln, wenn wir diese innere Einstellung für unser Handeln erreichen wollen. Und wir müssen uns mit dem Gedanken vertraut machen, daß wir tatsächlich keine Garantie besitzen, nur eine Minute über den jetzigen Augenblick hinaus zu leben. Das Lesen dieser Wörter kann unsere letzte Tat auf Erden sein.

»Was immer du gerade tust, es kann deine letzte Tat auf Erden sein. Es kann sehr wohl deine letzte Schlacht sein. Keine Macht dieser Welt kann dir garantieren, daß du noch eine Minute länger leben wirst.«

Vor diesem Hintergrund erkennen wir zwei Dinge:
1. Es kann für uns ohne jede Bedeutung sein, welche Meinung unsere Mitmenschen von unseren Handlungen haben.
2. Die einzige Autorität, vor der wir unser Handeln verantworten müssen, sind wir selbst.

Als Jäger verantworten wir unsere Taten nach dem Maßstab der »Makellosigkeit«. Unsere Taten müssen »makellos« sein. Dies bezieht sich auf jede einzelne von ihnen. Und »makellos« handeln wir immer dann, wenn sich unser Tun in Übereinstimmung mit unserem übergeordneten Ziel befindet. Wenn es uns dabei hilft, auf unserem Weg voranzukommen, handeln wir »makellos«.

»Richte deine Aufmerksamkeit auf die Verbindung zwischen dir und deinen Tod, ohne Reue, Trauer oder Sorge. Richte deine Aufmerksamkeit auf die Tatsache, daß du keine Zeit hast, und richte deine Handlungen darauf ein. Laß jede deiner Handlungen deine letzte Schlacht auf Erden sein. Nur unter diesen Bedingungen werden deine Handlungen die Kraft haben, die ihnen zusteht. Sonst werden sie, solange du lebst, die Handlungen eines verzagten Menschen sein.«

Ein Krieger sein

Nachdem wir sowohl in die geistigen Grundlagen der Lehre
als auch in die Methoden der Jagd eingewiesen worden
sind, haben wir die Voraussetzungen erworben, eine wichtige Entscheidung zu treffen: Wir müssen wählen, ob wir
unser bisheriges Leben fortsetzen wollen, oder ob wir uns
auf den »Weg zum Wissen« begeben. Es besteht keine Möglichkeit, beides miteinander zu vereinbaren. Der »Weg zum
Wissen« fordert mehr als Interesse oder Neugier, er bedingt
den vollständigen Einsatz der gesamten Person.

Carlos Castaneda übertreibt nicht, wenn er an diesem
Punkt der Lehrzeit von der Entscheidung seines Lebens
spricht. Er entscheidet sich für das »Wissen«! Diese Wahl
bedeutet gleichzeitig, daß er sich gegen sein bisheriges
Dasein und für das Leben des Kriegers entschieden hat.

»Ein Mensch der sich auf den Weg der Zauberei begibt,
erkennt nach und nach, daß das normale Leben für
immer hinter ihm liegt, daß das Wissen tatsächlich eine
beängstigende Sache ist, daß er sich nicht mehr durch die

Mittel der normalen Welt schützen kann und daß er eine neue Art zu leben lernen muß, wenn er überleben will. Das erste, was er an diesem Punkt tun sollte, ist, es zu versuchen, ein Krieger zu werden, und dies ist eine sehr wichtige Entscheidung. Die beängstigende Eigenart des Wissens läßt ihm keine andere Möglichkeit, als ein Krieger zu werden.«

Unsere bewußte Entscheidung zugunsten des »Wissens« beinhaltet somit, daß wir unser Leben zukünftig nach den Regeln des Kriegers führen. Und dies versetzt uns in eine radikal veränderte Situation. Als Krieger wollen wir zur Realität gelangen. Das ist unser einziges Ziel, und danach richten wir unser Leben aus:

»In dem Augenblick, da man anfängt, wie ein Krieger zu leben, ist man nicht länger ein gewöhnlicher Mensch.«

Als »gewöhnliche Menschen« sind wir abhängig von gesellschaftlichen Werten und Normen – als Krieger orientieren wir uns ausschließlich an unserem Ziel.
Unser Leben wird zu einer »strategischen Übung«.

Den Geist ins Gleichgewicht bringen

Die erste Aufgabe, die wir als Krieger zu erfüllen haben, ist es, unseren Geist in Ordnung zu bringen.

»Ein Krieger geht von der Gewißheit aus, daß sein Geist aus dem Gleichgewicht geraten ist; dadurch, daß er in vollkommener Selbstkontrolle und Bewußtheit, aber ohne Eile und Zwang lebt, tut er sein Äußerstes und Bestes, um sein Gleichgewicht zu erlangen.«

Don Juan spricht vom Gleichgewicht zwischen Gefühl und Verstand. Beide Seiten müssen von uns anerkannt und gelebt werden. Dies darf jedoch nicht in einer undifferenzierten Form geschehen. Als Krieger überlassen wir uns weder der Herrschaft des Verstandes, noch machen wir uns zu Sklaven der Gefühle. Wir sind kein Blatt im Wind, hin- und hergeworfen zwischen Intellekt und Emotionen. Wir akzeptieren beide Teile unseres Selbst als gleichwertige Partner mit unterschiedlichen Aufgabenbereichen.

Eine solche Haltung können wir nur dann einnehmen, wenn wir uns nicht mit dem Verstand oder den Gefühlen identifizieren. Als Krieger sind wir weder vom Verstand noch von Gefühlen abhängig. Wir betrachten beides als persönlichen Besitz, den wir wie ein Werkzeug, entsprechend der jeweiligen Situation, einsetzen. Ein Problem auf rationaler Ebene haben wir daher mit dem Verstand anzugehen, während auf der emotionalen Ebene verstandesmäßige Überlegungen nichts zu suchen haben.

>>Krieger erringen ihre Siege nicht, indem sie mit dem Kopf gegen die Wand stürmen, sondern indem sie die Wand überwinden. Krieger überspringen die Wand; sie reißen sie nicht nieder.<<

Wir erkennen, daß ein großes Maß an Losgelöstheit und Übersicht verlangt wird, wenn wir das Leben eines Kriegers führen. Wir müssen über den Dingen des alltäglichen Lebens stehen. Dies gelingt uns leichter, wenn wir unser Leben konsequent auf unser Ziel ausrichten. Kompromisse können wir uns als Krieger nicht leisten.

>>Es ist dumm und verschwenderisch, dich gehen zu lassen und deinen kleinen Marotten zu frönen. Ein Krieger, der sich erschöpft, kann nicht überleben.<<

In Anspruchslosigkeit leben

Bereits als Jäger haben wir gelernt, unsere Abhängigkeit von materiellen Gütern zu reduzieren. Als Krieger erheben wir diese Anspruchslosigkeit zu wahrer Kunst. Wir leben losgelöst von den Zwängen und Notwendigkeiten der alltäglichen Welt, sind ausgerichtet auf unser Ziel und warten darauf, den Zugang zur Realität zu gewinnen. Unser Leben ist eine »strategische Übung«. Alle unsere Handlungen haben nur einem Anspruch zu genügen: sie müssen unserem Ziel dienlich sein.

Wenn wir mit dieser inneren Einstellung unser Leben gestalten, verändern sich unsere Wertvorstellungen und Ansprüche total. Beinahe alle Dinge, die für den Durchschnittsmenschen erstrebenswert sind, verlieren für uns jede Bedeutung. Als Krieger bemühen wir uns um das »Wissen«, darüberhinaus erwarten und beanspruchen wir nichts.

»Ein Krieger weiß, daß er wartet und worauf er wartet. Und während er wartet, begehrt er nichts; so ist das Geringste, was er erhält, mehr als er annehmen kann. Wenn er essen muß, dann findet er eine Möglichkeit, weil er nicht hungrig ist; wenn seinem Körper etwas zustößt, dann findet er Abhilfe, weil er keine Schmerzen spürt. Hungrig sein oder Schmerzen haben bedeutet nur, daß der Mensch sich aufgegeben hat und nicht mehr ein Krieger ist, und dann werden die Kräfte seines Hungers und seiner Schmerzen ihn zerstören ... was uns unglücklich macht ist unser Begehren. Aber wenn wir lernen würden, unsere Bedürfnisse zu einem Nichts zu reduzieren, dann wäre die geringste Kleinigkeit, die wir erhalten, ein wahrhaftes Geschenk.«

Wenn wir diesem Ideal der Anspruchslosigkeit nahekommen, dann streifen wir die letzten Fesseln unserer Umwelt und der Gesellschaft ab. Wir gewinnen vollkommene Freiheit in unserem Denken und Handeln. Sach- oder Situationszwänge gibt es nicht mehr. Erst wenn wir diese Freiheit und Unabhängigkeit geschaffen haben, können wir mit der notwendigen Konsequenz auf unserem Weg voranschreiten und uns dem »Wissen« öffnen.

Das Omen – der Kubikzentimeter Möglichkeit

In dem Umfang, wie wir von den Bedingtheiten und Zwängen des alltäglichen Lebens loslassen können, machen wir uns für das »Wissen« erreichbar. Da wir den Zugang zur Realität weder erzwingen noch forcieren können, leben wir in einem Zustand der »aktiven Passivität«. Unser selbstkontrolliertes Leben und unsere Losgelöstheit ist die unabdingbare Voraussetzung dafür, daß sich uns die Realität inmitten der Wirklichkeit zeigt.

Das Aufblitzen der Realität inmitten der alltäglichen Welt zu erkennen und Nutzen daraus zu ziehen, ist ein wesentlicher Teil unserer Aufgabe. Als Krieger erwarten wir diese »Zeichen« mit großer Bewußtheit und Wachsamkeit. Es sind die Wegweiser auf dem »Weg zum Wissen«. Die Chancen und Möglichkeiten, die sich aus ihnen ergeben, bringen uns stets ein Stück weiter zum Ziel.

»Es gibt etwas, das du inzwischen kennen solltest. Ich will es den Kubikzentimeter Möglichkeit nennen. Wir alle, ganz gleich, ob wir Krieger sind oder nicht, haben einen Kubikzentimeter Möglichkeit, der von Zeit zu Zeit vor unseren Augen auftaucht. Der Unterschied zwischen

einem normalen Menschen und einem Krieger besteht
darin, daß der Krieger sich dessen bewußt ist, und es ist
seine Aufgabe, wachsam zu sein und besonnen darauf zu
warten, damit er, wenn sein Kubikzentimeter auftaucht,
die nötige Geschwindigkeit und Geschicklichkeit hat, ihn
zu fassen.«

Dieses irrationale Moment im Leben des Kriegers steht
nicht im Widerspruch zu unserem strategisch geplanten
Dasein – im Gegenteil. Auf diesen Omen und Möglichkeiten bauen wir unsere Strategien auf. Wenn wir zur Realität
gelangen wollen, dann müssen wir uns von der Realität
führen lassen!

Der Umgang mit den Mitmenschen

Sobald wir damit beginnen, unser Leben wie ein Krieger zu
führen, werden sich Probleme mit der Gesellschaft kaum
vermeiden lassen. Den Mitmenschen sind unsere Lebensgrundsätze fremd und unverständlich. Durch unser Losge-
löstsein entziehen wir uns ihren Einschätzungsmöglichkei-
ten. Wir sind mit herkömmlichen Mitteln weder angreifbar
noch verletzbar. Zur Bewältigung der Probleme, die sich
hieraus ergeben können, empfiehlt Don Juan zwei spezielle
Techniken:

Das Tun der Strategie

Beim »Tun der Strategie« übertragen wir die grundsätzliche
Lebenseinstellung des Kriegers konsequent auf jede einzelne Handlung. Wir akzeptieren jede Lebenssituation ohne
eine Bewertung vorzunehmen. Dies entspricht der

Übersicht und Neutralität, mit der wir dem Leben gegenüberstehen. Wenn wir auf eine Bewertung verzichten, können wir jede Situation als eine neutrale Herausforderung
begreifen. Und mit dieser inneren Einstellung ist es uns
möglich, strategisch zu handeln.

»Der grundlegende Unterschied zwischen einem normalen Menschen und einem Krieger ist, daß der Krieger
alles als Herausforderung annimmt, während der normale Mensch alles entweder als Segen oder als Fluch auffaßt... Ein Krieger nimmt sein Los auf sich, was es auch
sei, und akzeptiert es in äußerster Demut. Er akzeptiert
demütig, was er ist, und dies ist ihm kein Anlaß zu bedauern, sondern eine starke Herausforderung.«

Das Akzeptieren aller Lebenssituationen als wertfreie
Herausforderungen ist die Grundlage für das »Tun der Strategie«. Wir müssen auf diese Herausforderungen dann in
der bestmöglichen Art und Weise reagieren. Dies bedeutet:
Wir treffen eine sorgfältige Entscheidung und handeln.
Wenn wir Krieger sind, besteht unser alltägliches Leben aus
einer Folge von neutralen Situationen, die wir als Herausforderungen annehmen und denen wir unsere Handlungen
gegenüberstellen, die auf sorgfältigen Entscheidungen beruhen.

»Wenn ein Krieger mit seinen Mitmenschen zusammen
handeln muß, befolgt er das Tun der Strategie, und bei
diesem Tun gibt es keine Siege oder Niederlagen. Bei
diesem Tun gibt es nur Handlungen. Das Tun der Strategie hat zur Folge, daß du den Menschen nie ausgeliefert
bist... Sorge dich und denke nach, bevor du eine Entscheidung triffst, aber sobald du sie einmal getroffen
hast, geh deinen Weg, frei von Sorgen und Bedenken;

denn es erwarten dich noch Millionen weiterer Entscheidungen. Das ist die Art des Kriegers.«

Beim »Tun der Strategie« gibt es keine Siege oder Niederlagen, nur Situationen und Handlungen Das Resultat einer Handlung ist nicht mehr als eine neue Situation, die wir wieder als Herausforderung anzunehmen haben. Dennoch treffen wir auch als Krieger unsere Entscheidungen so sorgfältig wie möglich.

»Als Faustregel für den Krieger gilt, daß er seine Entscheidungen so sorgfältig treffen muß, daß nichts, was sich aus ihnen ergeben mag, ihn überraschen kann und erst recht nicht seine Kraft erschöpfen kann.«

Letztlich und im eigentlichen Sinn kommt es jedoch auf die Handlung als solche an.

»Ein Krieger handelt, als wüßte er, was er tut, auch wenn er es in Wirklichkeit nicht weiß.«

Solange wir das »Tun der Strategie« befolgen, sind wir unseren Lebenssituationen niemals hilflos ausgeliefert. Es gibt immer eine Möglichkeit des Handelns – und darauf kommt es an.

Die kontrollierte Torheit

Ähnlich wie das »Tun der Strategie« ist die »kontrollierte Torheit« ein Resultat unserer besonderen Lebenseinstellung. Als Krieger wollen wir zur Realität gelangen. Dies ist unser Ziel. Dies ist auch der einzige Maßstab, den wir für unser Handeln gelten lassen. Unsere Handlungen besitzen eine tiefere Bedeutung, wenn sie dem Lebensziel dienen, andernfalls sind sie für uns bedeutungslos.

Im Umgang mit unseren Mitmenschen werden nun immer wieder Handlungen gefordert seien, die für uns keine Bedeutung besitzen. In einem solchen Fall handeln wir gemäß der »kontrollierten Torheit«. Wir handeln, als sei uns die Bedeutungslosigkeit unserer Handlung nicht bewußt.

»Meine Handlungen sind aufrichtig, aber es sind die Handlungen eines Schauspielers. Alles was ich tue, ist kontrollierte Torheit. In bezug auf mich und andere... Ich freue mich, daß du mich nach so vielen Jahren endlich nach meiner kontrollierten Torheit fragst, und dennoch wäre es mir letzten Endes egal gewesen, wenn du mich nie danach gefragt hättest. Und doch habe ich beschlossen, mich zu freuen, als würde mir daran liegen, daß du mich fragst, als würde es eine Rolle spielen, daß mir daran liegt. Das ist kontrollierte Torheit.«

Als Krieger entscheiden wir sehr bewußt, wie wir handeln und mit welcher inneren Einstellung wir handeln. Wir handeln auch dann, wenn wir wissen, daß unsere Handlung belanglos und wenig sinnvoll ist, und wir handeln so, als wüßten wir dies nicht. Einen äußeren Unterschied gibt es somit nicht. Der Krieger handelt im Sinn seiner Prinzipien makellos, gleichgültig, ob er seiner Handlung eine Bedeutung beimißt oder ob er es nicht tut.

»Es ist möglich zu beharren, stur zu beharren, auch wenn du weißt, daß es sinnlos ist, was du tust. Allerdings mußt du dabei im voraus wissen, daß dein Tun sinnlos ist, und dennoch so handeln, als wüßtest du es nicht. Das ist die kontrollierte Torheit eines Zauberers.«

Krieger sein – eine Lebensaufgabe

Wir haben als Krieger ohne Zweifel hohe Ansprüche zu erfüllen. Dennoch wäre es falsch, wenn wir uns dadurch abschrecken lassen. Krieger zu sein ist ein Lernprozeß. Niemand verlangt von uns, daß wir dieses Ideal von heute auf morgen verwirklichen.

»Um ein Krieger zu sein, ist es nicht einfach damit getan, daß man einer sein möchte. Vielmehr ist es ein endloser Kampf, der bis zum letzten Augenblick unseres Lebens währt. Niemand ist als Krieger geboren, genau wie niemand als vernunftbegabtes Wesen geboren wird. Wir machen das eine oder das andere aus uns ... Wenn du dich selbst in einen miserablen Zustand versetzen willst, mußt du äußerst hart arbeiten, und es ist doch absurd, daß du dir nie bewußt gemacht hast, daß du dich mit dem gleichen Aufwand ebensogut bemühen kannst, dich zu vervollkommnen und stark zu werden.«

Als Krieger sehen wir unser Leben als eine Herausforderung. Wir sollten es daher als Herausforderung betrachten, ein Krieger zu werden.

»Ich habe nie daran gedacht, daß du Hilfe benötigst. Du mußt das Gefühl entwickeln, daß ein Krieger nichts benötigt. Du sagst, du brauchst Hilfe. Hilfe wofür? Du hast alles, was du für diese großartige Reise brauchst, die dein Leben ist. Ich habe versucht, dich zu lehren, daß die wirkliche Erfahrung darin besteht, ein Mensch zu sein, und daß es nur darauf ankommt zu leben; das Leben ist der kleine Umweg, den wir heute machen. Das Leben ist ein zureichender Grund; es erklärt sich aus sich selbst und ist vollkommen. Ein Krieger weiß dies und lebt dementsprechend. Daher könnte man ohne Übertreibung sagen, daß es die Erfahrung der Erfahrungen ist, ein Krieger zu sein.«

B. Techniken

Handeln ohne Erwartung

Das »Handeln ohne Erwartung« ist die erste der drei Techniken, die Don Juan uns empfiehlt, um den »Inneren Dialog« anzuhalten. Die Besonderheit dieser Methode besteht darin, daß er sie gegenüber Carlos Castaneda nicht als eigenständige Disziplin zu erkennen gegeben hat.

»Ich sagte Don Juan, ich könne mich nicht daran erinnern, daß er je das ›Draufloshandeln‹ als eine besondere Technik behandelt hätte; höchstens seien mir seine häufigen, aber unzusammenhängenden Bemerkungen darüber präsent. Er lachte und meinte, dies sei ein so unauffälliger Kunstgriff gewesen, daß er bis heute meiner Aufmerksamkeit entgangen sei.«

Der Kunstgriff war notwendig, um Castaneda die Erfahrung zu vermitteln, was es bedeutet, zu handeln ohne eine Erwartung daran zu knüpfen. Sinnloses und zweckfreies Handeln wird unmöglich, sobald wir es selbst zu einer Technik erheben – denn damit verleihen wir ihm Sinn und Zweck. Wir befinden uns also bereits gegenüber dieser ersten Aufgabe in einer gewissen Schwierigkeit. Ohne daß wir uns bisher ein genaues Bild davon gemacht haben, was es bedeutet, ohne Erwartungen zu handeln, erkennen wir, daß ein solches Tun per Definition unmöglich ist, sobald wir in ihm eine sinnvolle Technik sehen. Ob und inwieweit diese Situation dennoch einen Ausweg für uns bereithält, wollen wir prüfen, nachdem wir uns mit dem Gegenstand unserer Überlegungen näher vertraut gemacht haben.

Im normalen, alltäglichen Leben ist uns sinnloses und zweckfreies Handeln fremd. Es widerspricht geradezu unserem gesunden Menschenverstand. Wir sind es gewohnt, mit unseren Handlungen eine ganz bestimmte Erwartung zu verknüpfen: wir handeln, um ein Ziel zu erreichen. Alle unsere Handlungen sind auf dieses im vorhinein definierte Resultat ausgerichtet. Der Verstand kontrolliert somit nicht nur unsere Wahrnehmungen, sondern er bestimmt auch unsere Handlungen. Wir befinden uns üblicherweise in einem Zustand der permanenten Reflektion unseres Tuns. Ohne Unterlaß überprüfen wir, ob unsere Handlungen sinnvoll sind, das heißt, ob sie den von uns im voraus festgelegten Zweck erfüllen. Auf diese Weise schaffen wir jedoch zwischen uns und unserem Tun eine Distanz.

Spontane oder natürliche Handlungen sind uns kaum möglich. Lediglich in Ausnahmesituationen, bei besonderer Furcht oder Freude, oder in Situationen äußerster Anspannung gibt es ein direktes, nicht kontrolliertes Handeln. In solchen Augenblicken sprechen wir von »Selbstvergessenheit«, und wir beschreiben damit recht gut das tatsächliche Geschehen. Wenn wir uns selbst vergessen, dann heben wir die Trennung auf, die zwischen uns und unseren Handlungen besteht. Unser Tun wird weder im voraus kalkuliert, noch reflektieren wir, während wir handeln, ob die Handlung »richtig« oder »falsch« ist. Wir haben auch keine Erwartungen bezüglich einer solchen Handlung, weil unser Verstand, der allein eine solche Erwartung hegen könnte, ausgeschaltet ist. Der Verstand ist an diesem Tun nicht beteiligt.

Nun können wir leicht feststellen, indem wir uns an eine Situation unmittelbaren Handelns erinnern, daß es gerade solche Handlungen sind, die sich durch ein besonderes Maß an Kraft, Intensität und Wirkung auszeichnen. In aller Regel empfinden wir gleichzeitig, während wir in dieser Art und Weise handeln, ein Gefühl tiefer innerer Befriedigung und Genugtuung. Erst im Nachhinein schaltet sich unser Verstand wieder ein und bewertet das Geschehene. In einem extremen Fall empfinden wir dies als das Erwachen aus einem rauschähnlichen Zustand.

Als erwachsene und gesellschaftlich konditionierte Menschen benötigen wir mehr oder weniger extreme Situationen, damit wir zum »Handeln ohne Erwartung« veranlaßt werden. Unter normalen Bedingungen sind wir nicht in der Lage, unseren Verstand auszuschalten. Jedoch zeigt es sich, zum Beispiel bei der Beobachtung spielender Kinder, daß auch unter ganz gewöhnlichen Bedingungen ein erwartungsfreies Handeln möglich ist. Solange uns der Verstand noch nicht vollständig in der »Blase der Wahrnehmung« eingeschlossen hat, ist es möglich, zu handeln nur um der Handlung willen, ohne irgendeinen Sinn und Zweck mit unserem Tun zu verbinden. Genau auf diese Handlungen kommt es Don Juan an.

Um Carlos Castaneda einen Eindruck von dieser Art des Handelns zu vermitteln, überträgt er ihm im Laufe der Lehrzeit bestimmte, augenscheinlich sinnlose Aufgaben.

»Nun erinnerte er mich an all die unsinnigen, beinahe scherzhaften Aufgaben, die er mir stets gestellt hatte, wenn ich bei ihm war. Absurde Pflichten, bei denen ich Feuerholz in symmetrischen Mustern anordnete, rund um sein Haus eine Linie konzentrischer Kreise mit dem Finger in den Sand zeichnete, Staub von einer Stelle zur anderen fegte und dergleichen. Dazu gehörten auch Aufgaben, die ich zu Hause erfüllen mußte: eine schwarze Kappe tragen, den linken Schuh zuerst zubinden, den Gürtel von rechts nach links schnallen und ähnliches. All dies faßte ich stets nur als Scherzaufgaben auf, denn immer, wenn ich mir so etwas zur regelmäßigen Gewohnheit gemacht hatte, meinte Don Juan, ich dürfe es ruhig wieder vergessen. Als er nun all die Pflichten rekapitulierte, die er mir aufgegeben hatte, erkannte ich, daß er, indem er mich zu so sinnlosen Routinehandlungen veranlaßte, mir tatsächlich einen Begriff davon vermittelt hatte, einfach zu handeln, ohne einen Nutzen davon zu erwarten.«

Neben der Übertragung »sinnloser« Aufgaben und Routinen bringt Don Juan seinen Schüler mehrfach in Situationen, die dieser als lebensbedrohlich und ausweglos empfindet. Auch auf diese Weise provoziert er ihn zu unreflektierten, nicht verstandesmäßig gesteuerten Handlungen. Castaneda soll es lernen, »sich gehen zu lassen«. Er soll handeln, ohne über die Handlung nachzudenken und ohne ein bestimmtes Ziel zu verfolgen. Das Handeln aus einem Reflex heraus überwindet rationale Bewertungen und Einschränkungen. Und damit verschwinden alle verstandesmäßigen Hindernisse und Zwänge, die uns auf dem Niveau der Wirklichkeit festhalten. Wir sind dann in der Lage, Dinge zu tun, die uns verstandesmäßig nicht möglich erscheinen.

Dieses Phänomen ist nicht neu. Immer wieder hören wir von Personen, die in extremen Situationen Außergewöhnliches geleistet haben. Und nicht selten sind wir geneigt, derartige Taten als »nicht menschenmöglich« zu bezeichnen. Wie wir sehen, gibt es jedoch eine recht einfache Erklärung: Diese Handlungen geschehen ohne die einschränkende Wirkung des Verstands. Keiner, der so gehandelt hat, hat sich reflektierend mit seinem Tun auseinandergesetzt und es nach »richtig« oder »falsch«, »sinnvoll« oder »sinnlos« beurteilt.

Don Juan legt großen Wert darauf, Castaneda in diese Art des Handelns einzuführen. Er verfolgt damit einen mehrfachen Zweck: Das wesentliche Resultat des »Handelns ohne Erwartung« ist die teilweise oder vollständige Ausschaltung der verstandesmäßigen Kontrolle. Der »Innere Dialog« wird angehalten, und in dem Maß, in dem dies geschieht, öffnen wir uns der Realität. Wir sind dann für einen Augenblick von der Illusion der Wirklichkeit befreit. Für einen Moment überwinden wir unsere verstandesmäßigen Fesseln und erleben neue Möglichkeiten des Handelns. Oft ist es nur ein kurzer Kontakt mit der Realität, den wir auf diese Weise gewinnen können; und in den meisten Fällen werden wir uns des Gewichts eines solchen Augenblicks kaum bewußt. Dennoch handelt es sich um ein unmittelbares Erleben der Realität. Wir müssen uns dieser Tatsache bewußt sein, sonst begehen wir den verhängnisvollen Fehler, derartige Situationen und Erlebnisse im Nachhinein verstehen und erklären zu wollen. Wenn wir dies tun, dann rauben wir dem Erlebten die metaphysische Qualität. Wir reduzieren es auf ein Geschehen im Rahmen der Wirklichkeit. Damit jedoch vergeuden wir eine Chance. Die Realität ist nicht erklärbar – und wenn wir es dennoch tun, dann schrumpft sie, entsprechend der Beschreibung, die wir erhalten haben, zur profanen Welt zusammen.

Das »Handeln ohne Erwartung« ist somit eine Vorbereitung auf die Konfrontation mit der Realität. Es mag interessant und aufschlußreich für uns sein, daß andere Lehrsysteme, die sich ebenfalls um die Erkenntnis der Realität bemühen, eine ähnliche Disziplin als Vorbereitung und Mittel benutzen, diesen Kontakt herzustellen. Diverse Praktiken des Zen-Buddhismus zum Beispiel dienen dem alleinigen Zweck, den Schüler in die Lage zu versetzen, unmittelbare, nicht verstandesmäßig gesteuerte Handlungen zu vollbringen. Die Dualität zwischen Handlung und Handelndem soll aufgehoben werden. Dies ist gleichzusetzen mit dem Anhalten des »Inneren Dialogs«, wie es Don Juan anstrebt. Auch die Praktiken der Samurai-Krieger in Japan, die mit dem Zen-Buddhismus durch eine gewisse geistige Grundlage verbunden waren, basieren in großem Maß auf der Kunst des erwartungslosen Handelns.

Für Carlos Castaneda ist es daher eher ein Nebenprodukt, wenn er sich darüber hinaus von dem Leistungsdruck befreit, der den Menschen unserer Gesellschaft heute zu eigen ist. Wir haben es gelernt, nach dem Gesetz des größten Nutzens zu leben und zu handeln. Spielerisches Tun ohne Sinn und Zweck und ohne ein Ziel zu verfolgen, ist uns beinahe unmöglich geworden. Es ist in unserer Wirklichkeitsbeschreibung, in reiner Form, nicht enthalten. Unser Tun hat sinnvoll, zweckmäßig und effizient zu sein. Es muß ein greifbares Ziel ansteuern, und es erfährt seine Rechtfertigung in dem Maß, wie es die gewünschten Resultate hervorbringt. Wir verbinden im allgemeinen sogar die

68

Tätigkeiten, die wir als »Spielen« definiert haben, mit einem Sinn: es geht um gewinnen und verlieren, um sinnvolle Freizeit oder um körperliche Fitneß.

Das »Handeln ohne Erwartung« dagegen ist ein Handeln um der Handlung willen, ohne Sinn und Zweck und ohne es immerfort irgend jemand »recht machen« zu müssen. Wenn wir diese Art des Handelns erlernen, dann gewinnen wir ein weiteres Stück Freiheit und Losgelöstheit von den Bedingtheiten der alltäglichen Welt. Wir werden in unserem Tun unabhängiger von den Bewertungen und Meinungen unserer Mitmenschen. Auch auf die Rechtfertigung unseres Handelns können wir verzichten, sobald wir aufhören, es nach irgendwelchen »objektiven« Kriterien zu bewerten. Dieses Mehr an Freiheit und Uneingebundenheit ist wichtig und notwendig für uns, wenn wir auf unserem Weg vorankommen wollen.

Ein letzter, jedoch wesentlicher und grundsätzlicher Aspekt soll hier nur kurz erwähnt werden. Don Juan betont im Rahmen seiner Unterweisungen immer wieder die grundsätzliche Unerklärbarkeit und Nichtfaßbarkeit der Realität. Er warnt uns vor Erklärungs- und Verständnisversuchen mit dem Hinweis auf das, was wir Wirklichkeit nennen: Unsere Wirklichkeit ist das Produkt derartiger Interpretationsbemühungen! Sobald wir die Realität zu erklären beginnen, reduzieren wir sie auf unsere verstandesmäßigen Möglichkeiten; und die sind vorgegeben durch die Beschreibung der Welt, die wir erhalten haben.

Unser Weg jedoch soll uns zum »Wissen« führen. »Wissen« ist das Erleben und Erfassen der Realität. Dies kann nicht auf einer verstandesmäßigen Ebene geschehen, sondern nur direkt und unmittelbar. Somit entspricht der »Weg zum Wissen« in seiner Gesamtheit in exemplarischer Weise dem »Handeln ohne Erwartung«. Wir erwarten das »Wissen« – und das ist »Nichts« – zumindest nichts von dem, was wir gemäß unserem Verstand erwarten können. Jede Vorstellung, jedes Bild und jede Idee, die wir von der Realität haben können, ist ein Teil unserer Wirklichkeit und damit eine Illusion. Erst wenn wir »Nichts« mehr erwarten, haben wir die letzten Projektionen unseres Verstandes hinter uns gelassen – und erst dann sind wir vorbereitet, »Alles« zu *sehen*. Es ist also gerade das »Handeln ohne Erwartung«, das den entscheidenden Schlüssel für uns bereithält.

Doch es genügt nicht, dies zu verstehen und intellektuell zu akzeptieren. Wie immer ist auch hier die praktische Umsetzung im alltäglichen Leben von uns gefordert. Wir haben gesehen, daß wir bei der Anwendung dieser Technik einem Problem gegenüberstehen. Im Gegensatz zu Castaneda sind wir bereits im vorhinein mit Sinn und Zweck des erwartungslosen Handelns vertraut.

Wir müssen aus dieser Not eine Tugend machen, um unseren Ansatzpunkt zu finden. Wir müssen bewußt darauf verzichten, alle unsere Handlungen rational zu überprüfen und sie nach »richtig« und »falsch« zu sortieren. Wir müssen uns darin üben, verstandesmäßige Zweifel am Erfolg unserer Unternehmungen bewußt zu akzeptieren und unser Tun nach intuitiven Kriterien ausrichten. Wenn es uns gelingt, die Handlung als solche in den Mittelpunkt unserer Aufmerksamkeit zu stellen, ohne an Erfolg oder Mißerfolg zu denken, dann sind wir auf dem richtigen Weg.

»Der Weg in die Welt der Zauberei öffnet sich erst, nachdem der Krieger gelernt hat, seinen inneren Dialog abzustellen. Unsere Vorstellung, unsere Ansicht der Welt zu ändern, das ist der springende Punkt bei der Zauberei –, und das Anhalten des inneren Dialogs ist die einzige Möglichkeit, dies zu erreichen. Der Rest ist nur Beiwerk.«   Don Jaun

Das richtige Gehen

Don Juans zweite Technik zum Anhalten des »Inneren Dialogs« ist das »richtige Gehen«. Vordergründig betrachtet ist es nicht mehr als eine spezielle Art der Fortbewegung; erst bei genauerem Hinsehen erkennen wir im »richtigen Gehen« eine wirkungsvolle Meditation.

Im Gegensatz zu herkömmlichen Meditationsverfahren, deren gemeinsame Basis die Konzentration ist, arbeitet Don Juan in der entgegengesetzten Richtung. Nicht Konzentration wird verlangt, sondern vollständige Öffnung der Sinne. Sämtliche Informationen unserer Umgebung sollen ungehindert in das Bewußtsein gelangen. Wir erreichen dies, wenn wir die Fixierung unserer Aufmerksamkeit von den Dingen der Umgebung lösen und sie vollkommen auf uns selbst richten. Indem wir uns auf unseren Körper und auf den Vorgang des Gehens konzentrieren, gleichzeitig jedoch geöffnet sind für die Informationen der Umwelt, bewirken wir die uneingeschränkte Aufnahme der Realität. Die Bindung der Aufmerksamkeit auf die Funktionen des Körpers schafft die Voraussetzung dafür, daß uns die Gesamtheit der

Eindrücke erreicht, ohne von uns selektiv bewertet zu werden. Die Folge dieses Prozesses ist eine Inflation von Informationen, die den Verstand zum Schweigen bringt.

»Am Anfang unserer Verbindung hatte Don Juan mir eine Technik geschildert: Sie bestand darin, lange Strecken zu wandern, ohne den Blick auf irgend etwas zu konzentrieren. Er hatte mir empfohlen, nichts direkt anzusehen, sondern mit den Augen leicht einwärts zu schielen, um alles, was sich dem Blick darbot, peripher im Auge zu behalten. Er hatte behauptet – auch wenn ich es damals nicht verstand –, daß es möglich sei, beinahe alles gleichzeitig wahrzunehmen, was in einem Winkel von 180° Grad vor einem liegt, wenn man den Blick, ohne zu zentrieren, auf einen Punkt knapp über dem Horizont richtet. Ich hatte diese Technik jahrelang praktiziert, ohne eine Veränderung zu bemerken, doch ich hatte ohnehin keine erwartet. Eines Tages aber war mir überraschend bewußt geworden, daß ich soeben zehn Minuten gegangen war, ohne ein einziges Wort mit mir selbst zu sprechen. Ich hatte bei dieser Gelegenheit auch erkannt, daß das Anhalten des ›Inneren Dialogs‹ mehr bedeutet als ein bloßes Zurückhalten der Worte, die ich zu mir selbst sprach. Mein ganzer Denkprozeß hatte ausgesetzt, und ich hatte das Gefühl, zu schweben, dahinzutreiben.«

Wir können uns diesen Prozeß verdeutlichen, wenn wir uns daran erinnern, daß Don Juan die Welt, in der wir leben, als eine Imagination auffaßt. Wir schaffen unsere Wirklichkeit durch einen Interpretationsprozeß, der in unserem Verstand stattfindet. Die Realität ist für uns nicht erkennbar, weil unsere Wahrnehmung entsprechend der

Beschreibung, die wir erhalten haben, manipuliert wird. Somit ist unsere Wirklichkeit ursächlich abhängig vom einwandfreien Funktionieren unseres Verstands – sie wird von ihm gleichsam aufrechterhalten.

»Siehst du, die Aufmerksamkeit des Tonal (Verstand) muß auf seine Schöpfungen gelenkt werden. Eigentlich schafft überhaupt erst diese Aufmerksamkeit die Ordnung der Welt. Das Tonal muß also aufmerksam auf die Elemente seiner Welt achten, um diese zu stützen, und muß vor allem die Ansicht der Welt als ›Inneren Dialog‹ aufrechterhalten.«

Durch das »richtige Gehen« jedoch unterbinden wir die kontinuierliche Kommunikation des Verstands mit den Produkten seiner Schöpfung. Unser Verstand wird mit einer solchen Vielzahl von Informationen überschwemmt, daß er in seinen Funktionen zusammenbricht. Der »Innere Dialog« kommt zum Stillstand.

»Das ›richtige Gehen‹, sagte er, sei eine List. Dabei lenkt der Krieger, durch das Einkrümmen der Finger, seine Aufmerksamkeit zuerst auf seine Arme. Und dann, indem er – ohne seinen Blick zu zentrieren – auf irgendeinen Punkt geradeaus vor sich auf einem an seinen Fußspitzen beginnenden und über dem Horizont endenden Bogen schaut, überflutet er buchstäblich sein Tonal mit Informationen. Das Tonal, sagte er, könne dann, ohne unmittelbaren Kontakt mit den Elementen seiner Beschreibung, nicht mehr mit sich selbst sprechen, und so entstehe das innere Schweigen.«

Wenn wir das »richtige Gehen« praktizieren, kommt es also nicht auf die physischen Bedingungen an, von Bedeutung ist vielmehr, daß wir bezüglich der Dinge, die uns umgeben, in einem ausreichenden Maß »unkonzentriert« sind. Bestimmte Haltungen des Körpers oder der Arme sind nur ein Hilfsmittel, um unsere Aufmerksamkeit zu binden und sie nicht auf die Dinge der uns umgebenden Welt zu lenken.

»Es kommt dabei gar nicht auf eine bestimmte Stellung der Finger an, erklärte Don Juan. Es gehe lediglich darum, durch das Anspannen der Finger in verschiedenen, ungewohnten Haltungen die Aufmerksamkeit auf die Arme zu lenken; das einzig Wichtige sei, daß die unkonzentriert blickenden Augen eine Unmenge Bilder von der Welt auffangen, ohne sie klar zu sehen. In diesem Zustand, fügte er hinzu, könnten die Augen Details aufnehmen, die zu flüchtig für die normale Betrachtung seien.«

Unser Erfolg beim »richtigen Gehen« ist abhängig von der Intensität und Ausdauer, mit der wir diese Technik üben. Wir wissen von Carlos Castaneda, daß er Jahre brauchte, um seinen »Inneren Dialog« auf diese Weise anzuhalten. Und doch behauptet Don Juan, das »richtige Gehen« sei ein wichtiger Bestandteil auf unserem Weg und gleichzeitig die einfachste Möglichkeit, auf den »Inneren Dialog« Einfluß zu nehmen.

Das Gaffen

Als Alternative zum »richtigen Gehen« lehrt Don Juan das »Gaffen«. Es handelt sich auch hier um eine Meditationsmethode, die zum Anhalten des »Inneren Dialogs« führt. Im Gegensatz zum »richtigen Gehen« unterscheidet sich diese Technik jedoch kaum von den Meditationsverfahren, wie sie auch in anderen esoterischen Systemen praktiziert werden.

Auch mit dem »Gaffen« nehmen wir Einfluß auf die Kommunikationsfähigkeit des Verstands. Wir unterbrechen den kontinuierlichen Kontakt zu den Produkten seiner Schöpfung. Und dies führt zum Stillstand des »Inneren Dialogs«.

Anders als beim »richtigen Gehen«, wo wir diesen Zustand durch eine Inflation von Informationen herbeigeführt haben, bedienen wir uns beim »Gaffen« des entgegengesetzten Verfahrens. Wir konzentrieren unsere gesamte Aufmerksamkeit auf ein einziges Objekt und verschließen uns allen weiteren Einflüssen. Auf diese Weise isolieren wir den Verstand von seiner selbstgeschaffenen Wirklichkeit.

Auf sich zurückgezogen und ohne den Kontakt zu seiner Schöpfung verstummt der »Innere Dialog«.

>»Als erstes legte der Nagual (Don Juan) ein trockenes Blatt auf den Boden und ließ es mich stundenlang anschauen. Jeden Tag brachte er so ein Blatt und legte es vor mich hin. Zuerst dachte ich, es sei immer dasselbe Blatt, aber dann bemerkte ich, daß es verschiedene Blätter waren. Wenn wir dies erkennen, sagte der Nagual, dann schauen wir nicht mehr, sondern wir gaffen.«

Die Konzentration auf ein beliebiges Objekt unserer Wahl ist nur ein Hilfsmittel, um unsere Aufmerksamkeit zu binden. Es kommt darauf an, den Verstand zu isolieren. Somit wäre es ideal, wenn wir ihn veranlassen könnten, die Aufmerksamkeit auf sich selbst zu richten. Da dies jedoch nicht möglich ist, müssen wir ihn so lange mit einem einzigen Objekt konfrontieren, bis er ermüdet.

>»Wenn du so einen Blätterhaufen stundenlang angaffst, wie er's von mir verlangte, dann werden deine Gedanken still. Und ohne die Gedanken schwindet die Aufmerksamkeit für das Tonal (Wirklichkeit)... und dann werden die Blätter zu etwas anderem.«

Es ist von ausschlaggebender Bedeutung, daß wir die angestrebte Ermüdung unseres Verstands nicht mit einem Zustand allgemeiner Lethargie oder Apathie verwechseln. Wir müssen während unserer Übung uneingeschränkt wach und aufmerksam sein. Mit vollkommener Konzentration und Bewußtheit haben wir unsere Sinne auf das Objekt der Meditation zu lenken. Verkrampfungen und innere Zwänge sind hierbei zu vermeiden.

Da der Erfolg dieser Übung im wesentlichen auf der uneingeschränkten Zentrierung unserer Aufmerksamkeit beruht, empfiehlt uns Don Juan, beim »Gaffen« eine bestimmte Körperhaltung und Sitzposition einzunehmen. Es wird auf diese Weise angestrebt, die physischen Bedingungen während der Übung optimal zu gestalten. Körperliche Ablenkungen und Hindernisse in unserer Konzentrationsfähigkeit sollen ebenso vermieden werden wie physisch bedingte Ermüdungserscheinungen. Die von Don Juan empfohlene Körperhaltung unterscheidet sich kaum von den klassischen Meditationshaltungen, wie wir sie aus fernöstlichen Yogasystemen kennen.

»... beim Gaffen sei die Körperhaltung sehr wichtig. Dabei müsse man, ..., am Boden auf einem weichen Blätterteppich oder auf einem weichen Kissen aus Naturfaser sitzen. Mit dem Rücken müsse man sich gegen einen Baum oder einen flachen Stein lehnen. Der Körper müsse ganz entspannt sein. Die Augen dürfe man nie auf das Objekt fixieren, damit sie nicht ermüden. Das Gaffen bestand nun darin, daß man den Blick ganz langsam – im Gegensinn des Uhrzeigers – über den angegafften Gegenstand gleiten ließ, ohne den Kopf zu bewegen.«

Wie beim »richtigen Gehen« ist auch beim »Gaffen« unser Erfolg von der Intensität und der Ausdauer abhängig, mit der wir diese Technik üben. Mit Sicherheit werden wir das Anhalten des »Inneren Dialogs« nicht in einigen Tagen oder Wochen praktizieren können. Wir sollten uns bewußt sein, daß Carlos Castaneda Jahre brauchte, um dieses Ziel zu erreichen. Wenn wir es mit der Suche nach der Realität jedoch ernst meinen, dann sollten wir auch das gewissenhafte und systematische Üben nicht scheuen. Don Juan bezeichnet das Einstellen des »Inneren Dialogs« als den Schlüssel zur Welt der Zauberer. Wir müssen diese Klippe überwinden, um den Gipfel unseres Weges erreichen zu können.

»Du mußt den Leuten einfach alles zeigen,
was du ihnen zeigen möchtest,
ohne jedoch jemals zu verraten,
wie du es gemacht hast.«   Don Juan

Die persönliche Geschichte auslöschen

Das Auslöschen der »persönlichen Geschichte« ist die dritte
Technik, um unseren »Inneren Dialog« anzuhalten. Es handelt sich dabei um einen vielschichtigen, komplexen Vorgang, der sich sowohl auf den Umgang mit unseren Mitmenschen als auch auf unser Selbstverständnis und auf
unser Verhältnis zur Umwelt richtet. Wir erhalten einen
Ansatzpunkt zum Verständnis der Technik, wenn wir die
»persönliche Geschichte« als einen Teil unserer Biographie
auffassen. Beginnend bei der Abstammung von Großeltern
und Eltern umfaßt unsere Biographie sämtliche Daten und
Informationen des bisherigen Lebens. In dem Umfang, in
dem unsere Biographie anderen Menschen bekannt ist, handelt es sich um die »persönliche Geschichte«.

»Alles, was ein anderer positiv von dir weiß, macht deine
persönliche Geschichte aus, und nur das.«

Don Juans Aufgabe an uns lautet: wir sollen diese »persönliche Geschichte« auslöschen! Wie können wir das tun?

»Du mußt den Wunsch haben, deine persönliche Geschichte loszuwerden, und dann mußt du dich daran
machen, sie allmählich, Stück für Stück, abzutrennen . . .
Fang mit einfachen Dingen an, etwa indem du nicht zu
erkennen gibst, was du wirklich tust. Sodann mußt du
alle verlassen, die dich gut kennen. Auf diese Weise wirst
du einen Nebel um dich her erzeugen.«

Wenn wir niemandem zu erkennen geben, wer wir sind
und was wir tun, und wenn wir zu allen Personen, die uns
gut kennen, den Kontakt abbrechen, dann leben wir in
einem Zustand der vollkommenen Anonymität. Wir sind
für unsere Mitmenschen ein unbeschriebenes Blatt. Man
mag sich den Kopf zerbrechen, mit wem man es zu tun hat,
man mag Spekulationen und Vermutungen anstellen –,
solange wir uns eines Kommentars enthalten, besitzt niemand ein positives Wissen über uns.
Genau diesen Zustand empfiehlt uns Don Juan. Er möchte uns von unserer »persönlichen Geschichte« befreien, weil
sie uns einengt und weil sie uns festlegt auf eine bestimmte
Rolle, die wir zu spielen haben.

»Wenn du eine persönliche Geschichte hast, mußt du
diese bestätigen, du wirst von deinen Mitmenschen
durchschaut, und keine Macht der Welt kann sie dazu
bringen, ihre Meinung über dich zu ändern.«

Mit ihren Meinungen und mit ihren Erwartungen üben
unsere Mitmenschen einen psychologischen Druck auf uns
aus, der uns in verhängnisvoller Weise an unsere eigene
Vergangenheit anbindet. Wir werden gemessen an unserer
Herkunft und Ausbildung, an unseren vergangenen Taten
und Ideen. Aus all diesen Informationen formen die Mit-

menschen ein Bild von uns, dem wir heute und in Zukunft
zu entsprechen haben. Auf diese Weise werden wir unfrei.
Wir kennen die Erwartungen unserer Umwelt und können
sie nicht enttäuschen. Es bleibt uns kaum eine andere Wahl,
als unseren einmal eingeschlagenen Weg fortzusetzen, wollen wir nicht unsere Umgebung vor den Kopf stoßen.

»Die Schwarzen Magier sind unsere Mitmenschen...
Kannst du von dem Weg abweichen, den sie dir vor-
schreiben? Nein. Dein Denken und dein Handeln sind
auf ewig nach ihren Bedingungen festgelegt. Das ist Skla-
verei.«

Nur durch das Auslöschen unserer »persönlichen Geschichte« können wir uns von den einschränkenden Gedanken unserer Mitmenschen befreien. Wenn niemand Kenntnis über uns besitzt, kann es auch keine Erwartungen geben,
denen wir zu entsprechen haben.

»Wenn du keine persönliche Geschichte hast, sind keine
Erklärungen notwendig; niemand kann über deine Handlungen böse oder enttäuscht sein. Und vor allen Dingen
kann dich niemand mit seinen Gedanken festlegen... Es
ist das beste, die ganze persönliche Geschichte auszulöschen, weil uns das von den belastenden Gedanken der
anderen befreit.«

Wenn wir keine »persönliche Geschichte« besitzen, können wir augenblicklich ein »neues« Leben anfangen. Wir
haben die Freiheit zu handeln, wie es uns gefällt. Wir brauchen auf niemand Rücksicht zu nehmen. Es gibt keine
Erwartungen, die wir zu erfüllen haben; wir sind ungebunden von den Meinungen, Ideen und Taten unserer Vergan-

genheit. Es wird sich uns niemand in den Weg stellen oder
ernsthaft unsere Fähigkeiten anzweifeln, egal was wir beginnen oder beenden.

Don Juan empfiehlt aus diesem Grund, unseren Mitmenschen einfach irgend etwas über uns und unser Leben zu
erzählen, ohne Rücksicht auf Wahrheit oder Lüge.

»Du mußt den Leuten einfach alles zeigen, was du ihnen
zeigen möchtest, ohne jedoch jemals zu verraten, wie du
es gemacht hast ... Lügen sind nur dann Lügen, wenn du
eine persönliche Geschichte hast. Kümmere dich nicht
um Lüge oder Wahrheit ... Wenn man keine persönliche
Geschichte hat, kann nichts von dem, was man sagt, als
Lüge aufgefaßt werden.«

Wenn wir unsere wahren Absichten für uns behalten oder
nur willkürlich und spärlich Informationen über uns und
unser Tun verbreiten, dann erhalten wir uns unsere Anonymität, und wir sichern uns das andauernde Interesse der
Mitmenschen.

»Dein Problem ist, daß du zwanghaft jedem alles erklären
mußt, aber gleichzeitig möchtest du dir die Frische und
Neuheit dessen, was du tust, erhalten ... Wenn die Leute
dich einmal kennen, bist du etwas Selbstverständliches
für sie, und von diesem Augenblick an wirst du das Band
ihrer Gedanken nicht mehr zerreißen können.«

Wir haben erkannt, daß das Auslöschen der »persönlichen Geschichte« eine Möglichkeit ist, uns von den belastenden Gedanken unserer Mitmenschen und dem daraus
resultierenden Rollenverhalten zu befreien. Dieser Aspekt
ist wichtig und weitreichend; es sollte unser erster Schritt

sein, diese Technik in der Praxis anzuwenden. Don Juans Verständnis vom Auslöschen der »persönlichen Geschichte« ist jedoch wesentlich umfangreicher. Nicht nur unseren Mitmenschen sollen wir die Möglichkeit nehmen, uns mit ihren Gedanken zu belasten, auch wir selbst sollen uns von unserer Vergangenheit befreien. Wenn wir uns aus diesem Grund der Technik noch einmal unter diesem neuen Aspekt nähern, dann müssen wir auch die Definition der »persönlichen Geschichte« neu zu fassen versuchen.

Wir haben bisher unter der »persönlichen Geschichte« all jene Informationen verstanden, die unsere Mitmenschen über uns und unser Leben besitzen. In unserem zweiten Ansatz definieren wir die »persönliche Geschichte« als die Summe der Informationen, die wir selbst über uns und unsere Vergangenheit haben. Mit dieser Definition erweitern wir den Begriff wesentlich. Don Juans Forderung lautet auch hier: wir sollen die »persönliche Geschichte« auslöschen. Im Gegensatz zu dem Verfahren, das wir bei unseren Mitmenschen anwenden, können wir uns selbst der Kenntnis unseres bisherigen Lebens nicht entziehen. Auch ein bewußter Verdrängungsprozeß ist nicht gemeint. Es geht vielmehr darum, daß wir uns selbst von dem festlegenden Charakter unserer Vergangenheit befreien. Dies muß in zweifacher Hinsicht geschehen:

1. Wir müssen aufhören, uns immer wieder auf unsere Herkunft, unsere Erziehung und Ausbildung und auf unsere vergangenen Lebensumstände zu beziehen. Diese Dinge dürfen wir nicht als Rechtfertigung unserer heutigen Persönlichkeit gelten lassen. Wir müssen diesen vergangenen Impulsen die Kraft nehmen, uns in eine Zukunft zu führen, mit der wir nicht übereinstimmen. Das einzige, was zählt und gelten kann, ist unser heutiges Sein. So wie wir heute sind und das, was wir heute tun, müssen wir auch heute

verantworten. Wenn wir diese Verantwortung auf unsere Vergangenheit abwälzen, dann erklären wir uns zu den Sklaven dieser Vergangenheit. Wir werden der wahren Situation nicht gerecht. In Wahrheit gibt es nichts, was uns hindern könnte, alle vergangenen Impulse abzuschütteln und »neu« zu sein. Nichts hindert uns, wenn wir uns durch das Verhaftetsein an unserer »persönlichen Geschichte« nicht selbst behindern.

2. Don Juan fordert uns auf, unsere Vergangenheit systematisch nach Erlebnissen zu durchforsten, die unser heutiges Denken und Handeln beeinflussen, weil sie Macht über uns haben. Er meint damit solche Geschehnisse, die wir niemals vollständig verarbeitet und damit erledigt haben. Dieses Aufarbeiten der Vergangenheit muß nicht zwingend die Form und das Ausmaß eines psychoanalytischen Prozesses annehmen. Bereits eine systematische und intensive Beschäftigung mit den Dingen, die wir immer wieder verdrängen oder die wir nicht wahrhaben wollen, hilft uns, Zusammenhänge zu erkennen und Lösungen zu finden. Ein solcher Prozeß mag schmerzlich und wenig angenehm sein, umgehen können wir ihn nicht, wenn wir es ernst meinen mit unserem »Weg zum Wissen«.

Nachdem wir nun das Auslöschen der »persönlichen Geschichte« unter zwei verschiedenen Gesichtspunkten betrachtet haben, sehen wir, daß beide Techniken zusammenwirken müssen, um uns von der Vergangenheit zu befreien. Wenn wir von unserer »persönlichen Geschichte« unabhängig geworden sind, kann uns weder das Denken unserer Mitmenschen noch unsere eigene Disposition behindern. Wir gewinnen eine große persönliche Freiheit in unserem Denken und Handeln. Und doch müssen wir noch einen Schritt weiter gehen, um Don Juans Anforderungen wirklich gerecht zu werden. Er verlangt von uns mehr als das

Auslöschen unserer bisherigen Persönlichkeit. Er möchte uns zu einem neuen Menschen machen – unvorbelastet durch intellektuelle Vorstellungen und rationales Wissen.

»Nach und nach mußt du einen Nebel um dich schaffen, du mußt alles um dich her auslöschen, bis nichts mehr als erwiesen, als sicher oder wirklich gelten kann. Jetzt hast du die Schwierigkeit, daß du zu wirklich bist. Dein Streben ist zu wirklich; deine Stimmungen sind zu wirklich. Du solltest die Dinge nicht für erwiesen halten. Du mußt beginnen, dich selbst auszulöschen.«

Es ist nicht leicht für uns, Don Juans Forderung in ihrem gesamten Umfang nachzuvollziehen und zu verstehen. Er spricht als ein »Wissender«. In dieser Position ist ihm die Relativität unserer geistigen Erkenntnismöglichkeiten bewußt. Er sieht, daß es zwischen Wahrheit und Lüge, zwischen Illusion und Realität fließende Grenzen gibt. Die Logik, mit der wir unsere Welt betrachten, ist ein Instrument des Verstands und daher weit davon entfernt, das »Absolute Ganze« zu erfassen. Er legt uns nahe, vorsichtig zu sein mit dem, was wir zu sein und zu wissen glauben. Je weniger wir uns selbst und die Dinge in der Welt für erwiesen und gesichert halten, desto mehr befreien wir uns von der Illusion der Wirklichkeit. Gleichzeitig öffnen wir uns der wahren Realität.

»Du siehst, wir haben zwei Alternativen: entweder halten wir alles für gesichert und real, oder wir tun es nicht. Wenn wir das erste tun, dann enden wir in einer tödlichen Langeweile an uns selbst und an der Welt. Wenn wir das letzte tun und unsere persönliche Geschichte auslöschen, dann schaffen wir einen Nebel um uns her, einen sehr erregenden und geheimnisvollen Zustand, bei dem niemand weiß, nicht einmal wir selbst, wo der Hase hervorspringen wird.«

Die angemessene innere Haltung und Einstellung, die wir erreichen sollen, läßt sich am besten als eine Art kindlicher Naivität bezeichnen. Unvorbelastet durch Vergangenheit und Wissen sollen wir die Welt betrachten. Wenn es uns gelingt, das Leben mit jener kindhaften, staunenden Ergriffenheit zu erleben, die nicht beeinträchtigt ist durch Wissen und Verstehen, dann haben wir das Ziel dieser Übung erreicht.

Durch das vollständige Auslöschen der »persönlichen Geschichte« durchbrechen wir auch die Kette der Kausalität, die uns die Zukunft als ein Produkt der Vergangenheit erscheinen läßt. Genau diese Illusion müssen wir überwinden. Nur dann sind wir in der Lage, die Realität zu erfassen. Solange wir die Erkenntnis des »Absoluten Ganzen« von irgendwelchen Bedingungen abhängig sehen, oder wenn wir ihm mit Wissen und Erwartungen begegnen wollen, erliegen wir immer wieder den Projektionen unseres Verstands und sind so gefangen in den Bildern der Vergangenheit. Es ist daher von entscheidender Bedeutung für unseren »Weg zum Wissen«, daß es uns gelingt, die »persönliche Geschichte« vollständig auszulöschen.

Um uns diese schwierige Aufgabe möglich zu machen und um uns unsere Arbeit zu erleichtern, empfiehlt Don Juan drei Hilfstechniken, die wir unterstützend einsetzen sollen:

Die eigene Wichtigkeit verlieren

Durch das Gefühl unserer eigenen Wichtigkeit wird uns das
Empfinden vermittelt, etwas Besonderes zu sein. Wir erhalten so den Eindruck, wir seien wertvoller und wesentlicher
als andere Menschen oder Lebewesen. Eine solche Einstellung entbehrt jedoch jeder realen Grundlage. Sie ist außerdem schädlich und einengend für uns. Denn es ist die eigene
Wichtigkeit, die uns zwingt, uns immer wieder gegenüber
der Umwelt zu profilieren.

Wenn wir uns wichtig fühlen, müssen wir uns abheben
von den Menschen unserer Umgebung. Ferner sind wir
gezwungen, uns und unser Tun fortwährend zu erklären.
Situationen und Geschehnisse, die uns nicht gefallen, dürfen wir nicht hinnehmen oder auf sich beruhen lassen.
Solange wir das Opfer unserer eigenen Wichtigkeit sind,
müssen wir protestieren und uns dagegen zur Wehr setzen.
Doch all dies hindert uns gerade daran, die »persönliche
Geschichte« auszulöschen und von den Bedingtheiten des
alltäglichen Lebens losgelöst zu sein.

»Die eigene Wichtigkeit ist etwas, das man aufgeben
muß, genau wie die persönliche Geschichte.«

Wenn wir unsere Wichtigkeit verlieren, erreichen wir ein
Gefühl großer Gelassenheit und Gelöstheit. Dies möchte
Don Juan erreichen.

»Du fühlst dich immer verpflichtet, deine Handlungen zu
rechtfertigen, als wärest du der einzige Mensch auf
Erden, der im Unrecht ist. Das ist dein altes Gefühl deiner eigenen Wichtigkeit... Du nimmst dich zu wichtig.
Du bist in deinen Augen zu verdammt wichtig. Das muß

sich ändern. Du bist so gottverdammt wichtig, daß du glaubst, das Recht zu haben, an allem Anstoß zu nehmen. Du bist so gottverdammt wichtig, daß du es dir leisten kannst, abzuhauen, wenn nicht alles so läuft, wie du es willst. Mir scheint, du glaubst damit zu beweisen, daß du Charakter hast. Das ist Unsinn! Du bist schwach und eingebildet! Wegen deiner übertriebenen Wichtigkeit, die du dir beimißt, hast du im Laufe deines Lebens nie etwas zu Ende gebracht.«

Die eigene Wichtigkeit ist es, die uns anbindet an die »persönliche Geschichte«. Sie macht uns abhängig von den Dingen, von denen wir uns trennen und lösen müssen. Darüberhinaus macht uns das Gefühl der Wichtigkeit blind für die wahren Zusammenhänge des Lebens.

»Solange du dich für das Wichtigste der Welt hältst, kannst du die Welt um dich herum nicht wirklich beurteilen. Du bist wie ein Pferd mit Scheuklappen und siehst nur dich, losgelöst von allem übrigen.«

Unsere Ichbezogenheit, die aus dem Gefühl der eigenen Wichtigkeit resultiert, versperrt uns den Blick für unser Eingebundensein in die Prozesse der Natur und des Lebens. Wir sind, wie jede andere Lebensform, Manifestationen der einen, einzigen Realität. Nichts erhebt uns über die Pflanze oder das Tier.

»Es ist die großartigste Tat des Kriegergeistes, den Löwen und die Wasserratte und unsere Mitmenschen auf die gleiche Stufe zu stellen. Es erfordert Kraft, das zu tun... Von jetzt an sprich zu kleinen Pflanzen, sprich, bis du jedes Gefühl deiner eigenen Wichtigkeit verlierst. Sprich mit ihnen, bis du es auch vor anderen tun kannst. Sag den Pflanzen, daß du dich nicht mehr so wichtig nimmst... Wie kann sich jemand nur so wichtig nehmen, wo wir wissen, daß der Tod uns umschleicht.«

Verantwortung übernehmen

Es ist eine wesentliche Zielsetzung, durch das Auslöschen der »persönlichen Geschichte« von allen außerhalb unserer Person liegenden Begründungen und Rechtfertigungen unabhängig zu werden. Wir sollen die Kraft zum Handeln aus uns selbst schöpfen. Wir sollen uns nicht auf unsere Vergangenheit oder auf unsere Mitmenschen berufen. Dies kann uns nur gelingen, wenn wir bereit sind, für unsere Handlungen die volle Verantwortung zu übernehmen.

»Was bei dir nicht stimmte und was auch jetzt bei dir noch nicht stimmt, ist die Tatsache, daß du für das, was du tust, nicht gern die Verantwortung übernimmst... Lebe wie ein Krieger. Ein Krieger nimmt die volle Verantwortung für seine Taten auf sich; auch für die allerunbedeutendsten Taten.«

Durch die Übernahme der vollen Verantwortung für jede einzelne Tat gewinnen wir in großem Maß an persönlicher Freiheit. Wir können auf den äußeren Bezugsrahmen verzichten, den wir üblicherweise zur Erklärung oder Rechtfertigung unserer Handlungen brauchen. Wenn wir uns dazu entschließen, die Verantwortung für unser Tun zu übernehmen, dann bedeutet das auch, daß wir die Folgen und Resultate jeder einzelnen Handlung akzeptieren – ohne zu murren oder unzufrieden zu sein.

»Die Verantwortung für eine Entscheidung zu übernehmen, heißt bereit sein, für sie zu sterben... Wenn ein Mann beschließt, etwas zu tun, dann muß er es durchführen, aber er muß die Verantwortung für das übernehmen, was er tut. Ganz egal, was er tut, er muß zuerst wissen, warum er es tut, und dann muß er zu seinen Taten schreiten, ohne an ihnen zu zweifeln oder sie zu bereuen.«

Solange wir nicht bereit sind, auch bei negativen Resultaten zu unseren Entscheidungen und Handlungen zu stehen, solange kann keine Rede davon sein, daß wir die Verantwortung für unser Tun übernommen haben. Wir müssen erkennen, daß jede Lebenssituation, in der wir uns befinden, ihre letzte Ursache in unseren eigenen Entscheidungen hat, die wir irgendwann einmal getroffen haben. Vor diesem Hintergrund ist es wenig sinnvoll, wenn wir uns angesichts widriger Umstände beklagen oder unzufrieden sind. Vielmehr sollten wir die Verantwortung für die Entscheidungen übernehmen, mit deren Resultat wir es zu tun haben.

»Du beklagst dich. Du hast dich dein Leben lang beklagt, weil du nicht die Verantwortung für deine Entscheidungen übernimmst.«

Wenn wir unsere Handlungen selbst verantworten, lösen wir uns aus der Illusion, unsere Mitmenschen oder die äußeren Umstände für unser Leben verantwortlich zu machen. Erst wenn wir diesen Punkt erreicht haben, benötigen wir keine »persönliche Geschichte« mehr, um unsere negativen Projektionen daran zu heften. Wir können die bisher verschwendeten Energien zurücknehmen und für neue Taten benutzen.

90

Den Tod als Ratgeber benutzen

Bereits im Rahmen der Unterweisungen, die uns in das Leben des Jägers einführen, werden wir mit dem Gedanken an unseren Tod konfrontiert. Jetzt führt uns Don Juan noch einmal vor Augen, welche positive Kraft wir gewinnen können, wenn wir uns bewußt sind, daß der Tod auf uns wartet.

»Der Tod ist der einzige weise Ratgeber, den wir haben. Immer wenn du, wie es bei dir meistens der Fall ist, das Gefühl hast, daß alles falsch läuft und daß du das sichere Ende vor Augen siehst, dann wende dich an deinen Tod und frage ihn, ob das zutrifft. Dein Tod wird dir sagen, daß du unrecht hast, daß nichts wirklich wichtig ist außer seiner Berührung. Dein Tod wird sagen: Ich habe dich noch nicht angerührt!«

Angesichts des bevorstehenden Todes, der unsere Zeit auf Erden unwiderruflich beendet, verlieren alle anderen Ereignisse an absolutem Gewicht. Wenn wir in dem Bewußtsein leben, daß dies die letzte Stunde unseres Lebens sein kann, dann werden wir damit aufhören, uns gehen zu lassen und uns über Banalitäten zu ärgern. Wir werden damit aufhören, unsere Zeit zu verschwenden.

»Was du tun mußt, wenn du ungeduldig bist, ist dies: wende dich nach links und frage deinen Tod um Rat. Ungeheuer viel Belangloses fällt von dir ab, wenn dein Tod dir ein Zeichen gibt, wenn du einen Blick auf ihn werfen kannst oder wenn du einfach das Gefühl hast, daß dein Begleiter da ist und dich beobachtet.«

Der Gedanke an unseren Tod ist eine Hilfe, um uns selbst zu disziplinieren und um unser Augenmerk auf das Wesentliche zu richten. Als Krieger wollen wir zum »Wissen« gelangen. Wir brauchen Zeit, um dieses Ziel zu erreichen. Doch unsere Zeit ist bemessen, und so ist es eine große Gefahr für uns, wenn wir sie mit Nebensächlichkeiten verschwenden.

Wenn wir unseren Tod als einen ständigen Begleiter empfinden und uns von dem Gefühl leiten lassen, daß er jede unserer Handlungen beobachtet, dann hilft uns das, in jeder Situation makellos und zielstrebig zu handeln.

»Der Schlüssel zu all den Fragen nach Makellosigkeit ist das Gefühl, Zeit zu haben. Als Faustregel mag gelten: wenn du dich wie ein unsterbliches Wesen fühlst, das alle Zeit auf Erde hat und dementsprechend handelt, dann bist du nicht makellos. In solchen Momenten solltest du dich umdrehen, in die Runde schauen, und dann wirst du erkennen, daß dein Gefühl, Zeit zu haben, töricht ist. Auf dieser Erde gibt es keine Überlebenden.«

Kapitel III

Zusammenfassung und weiterführende Techniken

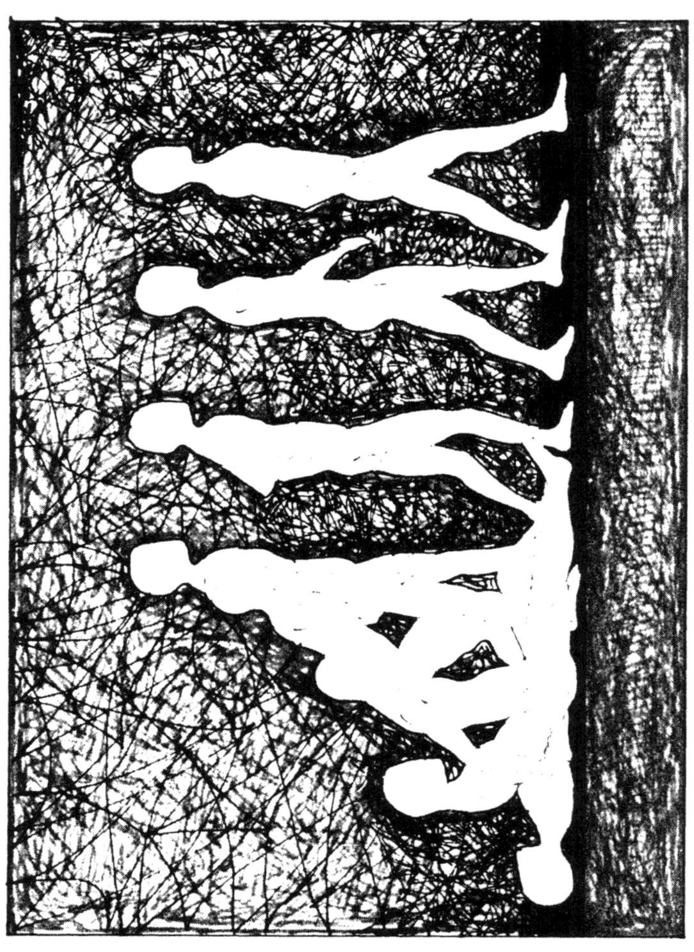

»Im Leben eines Kriegers gibt es nur eins, nur eine Frage, die wirklich
unentschieden ist: Wie weit kann einer auf dem Weg des Wissens und der
Kraft fortschreiten? Dies ist eine offene Frage, und niemand kann ihr Ergebnis voraussagen.«   Don Juan

Die Erklärung der Zauberer

Don Juan benutzt den Weg der Praxis, um seinen Schüler in
die »Zauberei« einzuführen. Er fordert von ihm eine durch-
greifende Verhaltensänderung und die Anwendung komplizierter Techniken, ohne ihn dabei umfassend über Ziel und
Zweck seines Tuns aufzuklären. Erst nachdem Castaneda
die Anweisungen befolgt hat und so, in einem Zeitraum von
mehr als zehn Jahren, zu einem anderen Menschen geworden ist, erhält er nach und nach eine ausführliche Zusammenfassung und Erklärung der bisherigen Lernschritte. Erst
zu diesem Zeitpunkt erfährt er etwas von den Voraussetzungen und von dem Ziel seines Weges.

Im Rahmen dieses Buches ist die »Erklärung der Zauberer« in einigen Teilen bereits vorweggenommen worden.
Das war erforderlich, um ein grundsätzliches Verständnis
für die Lehre zu ermöglichen und um den Sinn und Zweck
der einzelnen Übungen zu vermitteln. Die nunmehr notwendige weiterführende »Erklärung« beschränkt sich auf
einzelne, bisher nicht genannte Fakten und Zusammenhänge bei den Voraussetzungen und im Aufbau der Unterwei-

sungen. Wir erhalten als Ergebnis einen Überblick über das
Lehrsystem im ganzen und erkennen die logische Struktur,
die unseren Schritten auf dem »Weg zum Wissen« zugrunde
liegt.

Das Universum

Bereits an anderer Stelle, als wir uns mit der Prämisse der
»Zauberei« beschäftigt haben, bemühten wir uns, Don
Juans weltanschaulichen Ansatz nachzuvollziehen. Für das
tiefere Verständnis seiner Lehre ist es nun erforderlich, dieses Thema erneut aufzugreifen.

Obwohl Don Juan keine eindeutigen Aussagen über seine
weltanschauliche Einstellung macht, fällt es anhand seiner
vielfältigen anderweitigen Äußerungen nicht schwer, in ihm
einen zutiefst »religiösen« Menschen zu erkennen. Er fühlt
sich eingebunden in einen geheimnisvollen Kosmos, der
sich jeder rationalen Erkenntnis und Erklärung entzieht und
der den Menschen durch vielfältige, unergründliche Kräfte
führt und leitet.

»Für mich ist diese Welt sonderbar, weil sie erstaunlich,
ehrfurchtgebietend, geheimnisvoll, unergründlich ist, ...
dies ist eine sonderbare Welt.«

Das »geheimnisvolle Universum« ist für Don Juan in gleicher Weise eine Realität wie die »unvorhersehbaren Kräfte«,
denen der Mensch ausgeliefert ist und die sein Schicksal
bestimmen.

»Die Kräfte, die die Menschen leiten, sind unvorhersehbar und ehrfurchtgebietend, und dennoch sind sie großartig.«

96

Trotz seiner grundsätzlichen Zustimmung zum Vorhandensein einer letzten Realität und Wahrheit wäre es verfehlt, Don Juan im philosophischen Sinn als einen »Realisten« zu bezeichnen. Denn die von ihm akzeptierte Realität zeichnet sich aus durch ihre absolute Unerkennbarkeit. Aussagen über ihre Natur und ihren Charakter sind nicht möglich. Don Juan ist daher auch nicht in der Lage, die Entscheidung zu treffen, ob diese Realität im philosophischen Sinn »objektiv«, das heißt außerhalb und unabhängig von seiner Person existiert, oder ob es sich um eine »ideelle«, also subjektive und »innerliche« Realität handelt, die vom Menschen abhängig beziehungsweise verursacht ist. Er akzeptiert das Vorhandensein der letzten Ursache und Wahrheit – er geht davon aus, daß das Universum in diesen Urgrund eingebettet ist und nach diesen Gesetzen funktioniert – und er hat gleichzeitig die Einsicht und den Mut, sich die vollständige Unkenntnis und intellektuelle Unergründbarkeit dieser letzten Ebene einzugestehen.

Diese Weltanschauung ist nicht neu. Bereits sechshundert Jahre vor unserer Zeitrechnung hat der bedeutende chinesische Philosoph und Lehrer Lao-tse gleichlautende Aussagen gemacht.

»Tao, kann es ausgesprochen werden,
ist nicht das ewige Tao.
Der Name, kann er genannt werden,
ist nicht der ewige Name.
Das Namenlose ist des Himmels
und der Erde Urgrund.«

Gemäß dieser geistigen Grundlage betrachtet Don Juan den Kosmos als ein homogenes Ganzes, dem der Mensch nicht isoliert gegenübersteht, sondern in dem er lediglich

einen individualisierten Aspekt bildet. Auf der Ebene der
letzten Ursache gibt es keinen Unterschied zwischen uns
Menschen und allen übrigen Bestandteilen der Erde oder
des unendlichen Weltalls. Mensch und Tier, Pflanze, Stein
und Energie sind lediglich unterschiedliche Ausdrucksfor-
men und Gestaltungen des Seins – sie entspringen dem gleichen unerklärlichen Urgrund des Universums.

Der Mensch – ein Akt der Wahrnehmung

Vor diesem Hintergrund wird es verständlich, wenn Don
Juan die uns bekannte Welt als eine Illusion bezeichnet.
Alles, was wir mit unseren Sinnen wahrnehmen können und
mit unserem Verstand zu durchdringen versuchen, ist nicht
die Realität als solche; es ist nur ein sehr kleiner Ausschnitt
auf der materiellen und energetischen Manifestationsebene.
Wir erliegen jedoch sehr leicht der Täuschung, unsere Welt
als etwas Reales zu betrachten, das wir vollständig erfassen
können. Wenn wir das tun, dann begehen wir einen mehrfachen und folgenschweren Fehler:
Zum einen ignorieren wir die Tatsache, daß wir es lediglich mit einer einzigen, ganz bestimmten Ausdrucksebene
der Realität zu tun haben, zum anderen machen wir uns
nicht bewußt, daß auch dieser Manifestationsbereich un-
endlich ist. So sehr wir uns auch bemühen, unter Zuhilfe-
nahme aufwendiger technischer Mittel unsere Sinneswahr-
nehmungen zu erweitern, es wird uns niemals möglich sein,
den grenzenlosen Bereich der materiell-energetischen Manifestation zu erfassen.
Doch damit nicht genug. Im Rahmen unserer einleiten-
den Überlegungen zur Realität und Wirklichkeit haben wir
bereits gesehen, daß wir als kulturell konditionierte Men-

98

schen nicht in der Lage sind, den uns naturgemäß zugänglichen Ausschnitt aus der Realität zu erkennen, ohne ihn dabei zu verändern. Zwischen uns und der Realität steht die Beschreibung der Welt, die wir von unseren Mitmenschen erhalten haben. Wir interpretieren die Realität im Sinne dieser Beschreibung und schaffen so unsere Wirklichkeit.

Die nachfolgende Grafik (siehe Seite 101) soll dazu beitragen, uns diese komplizierten Zusammenhänge zwischen Realität und Wirklichkeit – anhand einer vereinfachten Darstellung – vor Augen zu führen.

Erst vor dem Hintergrund dieser Überlegungen kann uns die Relativität und die Subjektivität der Welt, in der wir leben, bewußt werden. Wir erkennen jetzt auch das Ausmaß der Selbsttäuschung und der Überheblichkeit, wenn wir von objektivem Wissen und allgemeingültigen Wahrheiten sprechen. Noch weitaus gravierender ist jedoch die vollkommen verfehlte Selbsteinschätzung, die aus der Unkenntnis dieser Zusammenhänge resultiert. Denn ohne dieses Wissen wird uns der Eindruck vermittelt, wir seien körperliche Wesen und unsere Existenz beschränke sich auf die materielle Ebene. Doch diese Annahme ist falsch. Genau wie alle übrigen Bestandteile des Universums durchdringt auch der Mensch die Gesamtheit aller Manifestationsebenen der Realität.

Nachdem wir uns all dies bewußt gemacht haben, sind wir in der Lage, Don Juans Vorstellungen von der Struktur des Menschen zu verstehen. Er sieht in ihm ein »leuchtendes Wesen ohne feste Konsistenz«, und er bezeichnet ihn als »reines Bewußtsein« und als »grenzenlos«. In seiner Eigenschaft als individualisierter Kristallisationspunkt des Universums reflektiert der Mensch sich selbst, wenn er seine Umwelt betrachtet oder Erkenntnisse über den Kosmos zu gewinnen versucht. Der Mensch ist eingebunden in einen universalen Selbsterkenntnisprozeß, in dem das kosmische Sein – mittels der von ihm geschaffenen vielfältigen Manifestationen – eine unendliche Kette von Begegnungen mit sich selbst herbeiführt, um so die eigenen Qualitäten erkennen zu können. Differenzierung und Qualität setzt die Gegenüberstellung und die Kommunikation von Subjekt und Objekt voraus. Alle Eigenschaften, die wir den uns umgebenden Objekten zumessen, haben ihren Ursprung in uns selbst und im Vorgang der Kommunikation mit der Umwelt. Das »Ding an sich« ist ohne Eigenschaften.

Auf dieser Grundlage baut auch die seit einigen Jahrzehnten expandierende »Neugeistbewegung« ihre Lehren auf. Durch bestimmte Techniken, wie zum Beispiel das sogenannte »Positive Denken« oder die Autosuggestion, soll der individuelle Interpretationsprozeß, der bei der Begegnung mit der Realität stattfindet, in positiver Weise verändert werden. Dies ist legitim, denn wir haben erkannt, daß es eine objektiv erkennbare Wahrheit ohnehin nicht geben kann. Auch Don Juan bedient sich solcher Mechanismen, wenn er uns durch die Ausbildung zum »Jäger« und zum »Krieger« dazu veranlaßt, unsere bisherige Lebenseinstellung zu überprüfen und zu korrigieren.

Zusammenfassend können wir sagen: Don Juan betrachtet den Menschen als ein Wahrnehmungszentrum, und er sieht die Wahrnehmungen selbst als bewußtseinsbildende Einheiten. Nach seinen Aussagen sind wir grundsätzlich dazu in der Lage, den gesamten Bereich der uns naturgemäß zugänglichen Realität zu erkennen und zu erfassen. Erst durch die bereits unmittelbar nach der Geburt einsetzende Manipulation durch unsere Mitmenschen wird diese ungeteilte Wahrnehmung in der uns bekannten Weise verändert und strukturiert. Es entsteht die Wirklichkeit, und es verschwindet die Realität.

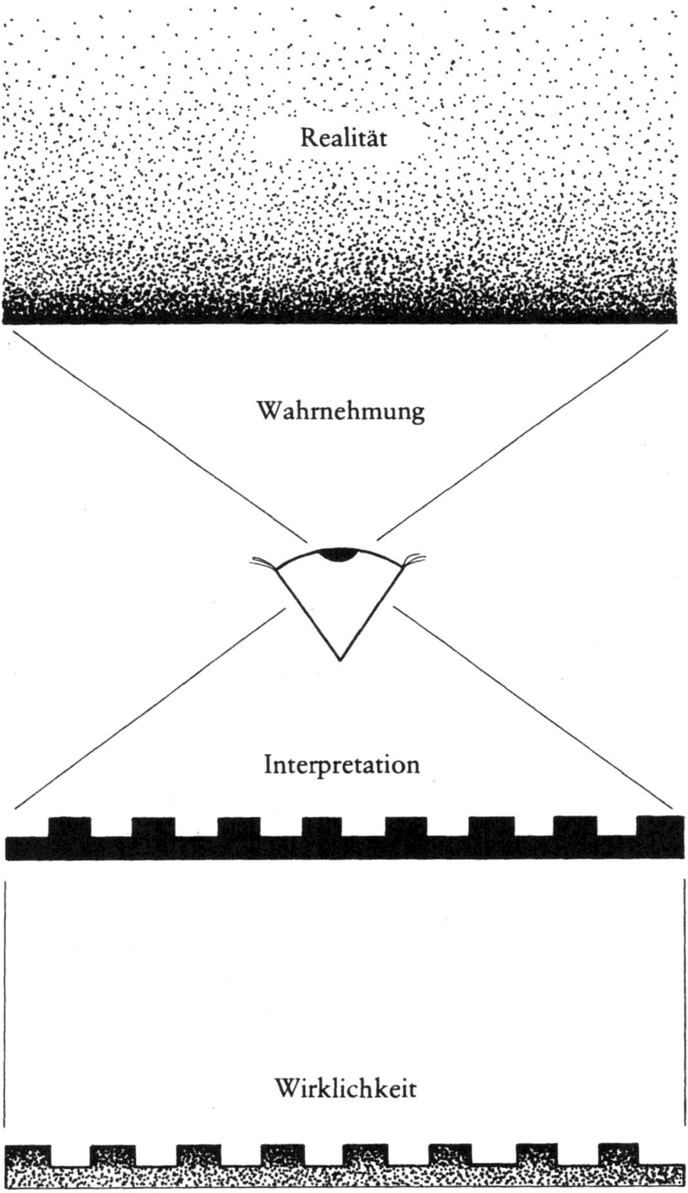

Realität
Wahrnehmung
Interpretation
Wirklichkeit

Das »Tonal« und das »Nagual«

Don Juans Bezeichnung für die Wirklichkeit heißt: »Tonal«.

> »Das Tonal, das ist alles, was wir sind. Schau dich um, alles wofür wir Wörter haben, ist das Tonal. Und da das Tonal nichts andres ist als sein eigenes Tun, muß folglich alles in seine Sphäre fallen.«

Wenn wir es genau betrachten, so geht das »Tonal« über unseren Wirklichkeitsbegriff hinaus. Don Juan benutzt diesen Namen für alle Dinge, soweit sie in den Bereich unserer Erkenntnis- und Denkmöglichkeiten fallen. So sind auch unsere irrationalen Vorstellungen und Gedanken Bestandteile des »Tonal«, ebenso wie rein spekulative Phantasiegebilde und Glaubensüberzeugungen. Es ist nur folgerichtig, wenn er unsere Gottesvorstellung, sofern wir eine solche in uns tragen, als einen Bestandteil des »Tonal« bezeichnet.

> »... Gott ist ein Gegenstand unseres persönlichen Tonal... das Tonal ist alles, woraus die Welt sich, wie wir glauben, zusammensetzt – einschließlich Gott, natürlich.«

Obwohl das »Tonal« alle Elemente des menschlichen Denkens umfaßt, erscheint es für das grundsätzliche Verständnis als ausreichend, wenn wir diesen Begriff mit »Wirklichkeit« übersetzen.

Don Juan unterscheidet ein »Persönliches Tonal« und ein »Tonal der Zeiten«. Das »Persönliche Tonal« beginnt mit der Geburt und endet mit dem Tod; es ist an das einzelne Individuum gebunden. Das »Tonal der Zeiten« besteht unabhängig vom einzelnen und ist im Laufe seiner Existenz Veränderungen unterworfen. Wir können das »Persönliche Tonal« als das Resultat des Manipulationsprozesses verstehen, der uns im Rahmen unserer Erziehung durch Eltern und Gesellschaft in einer ganz bestimmten Weise geistig formt und uns so zu spezifischen Interpretationen bezüglich der uns umgebenden Welt veranlaßt. In der Sprache der Soziologen ist das »Persönliche Tonal« die »Soziale Persönlichkeit«.

Jedoch geht Don Juan mit seinem Verständnis hinsichtlich der Manipulation, der wir unterliegen, einen entscheidenden Schritt weiter. Er macht unsere Beeinflussung durch Gesellschaft und Kultur für die Reduzierung und Veränderung der Realität direkt verantwortlich. Wie wir ausführlich betrachtet haben, errichtet die Beschreibung der Welt, die uns unsere Mitmenschen geben, eine undurchdringliche Mauer, die uns von der Realität abschirmt und uns auf den definierten Bereich der Wirklichkeit festlegt. Das »Persönliche Tonal« ist somit die »Individuelle Wirklichkeit«, in der jeder einzelne von uns gefangen ist.

Im Gegensatz dazu können wir das »Tonal der Zeiten« als eine »Kollektive Wirklichkeit« begreifen. Alles, was in einer bestimmten Epoche gemäß dem herrschenden gesellschaftlichen Konsens für richtig gehalten oder geglaubt wird, ist das »Tonal dieser Zeit«. Selbstverständlich gibt es weite Bereiche, in denen unser »Persönliches Tonal« mit dem »Tonal unserer Zeit« übereinstimmt. Anders herum können wir unser »Persönliches Tonal« als einen Bestandteil des heutigen »Kollektiven Tonals« bezeichnen. Die Übereinstimmung zwischen individueller Wirklichkeit und der gesellschaftlich-kulturell als Wahrheit definierten Wirklichkeit ist ja nicht zuletzt das Ziel des gesellschaftlichen Erziehungs- und Sozialisationsprozesses am einzelnen.

Doch auch das »Tonal der Zeiten« hat mit der Realität wenig zu tun. Genau wie das »Individuelle Tonal« legt es uns fest, unsere Welt auf eine ganz bestimmte Art und Weise zu sehen und zu erleben. So war die antike Vorstellung von unserer Erde als dem Mittelpunkt des Universums für die Menschen der damaligen Zeit sehr wohl Bestandteil der kollektiven und der individuellen Wirklichkeit –, die Wahrheit war es jedoch nicht. Und in gleicher Weise können wir behaupten, ohne dabei das geringste Risiko einzugehen: Die in der heutigen Zeit kollektiv und individuell verbreitete Vorstellung vom Aufbau unseres Sonnensystems mag der Wahrheit vielleicht näherkommen, richtig ist sie jedoch auch nicht.

So sehr wir uns auch persönlich oder gesellschaftlich anstrengen mögen, die Realität zu erkennen – es kann uns nicht gelingen, ihrer auf intellektuellem Wege habhaft zu werden, denn zwischen uns und der Wahrheit steht die Beschreibung der Welt, die unser Bemühen immer wieder zu bloßen Interpretationsversuchen degradiert. Die Wahrheit, die nicht interpretierte, objektive Realität, die uns auf herkömmlichem Wege vollkommen unzugänglich ist, bezeichnet Don Juan als »Nagual«.

> »Das Nagual ist der Teil von uns, für den es keine Beschreibung gibt – keine Wörter, keine Namen, keine Gefühle, kein Wissen.«

Das »Nagual« ist das »Absolute Ganze«. Es ist die Gesamtheit des Seins auf allen Ebenen und in allen Bereichen der Manifestation. Es ist unbegrenzt und unbeschreibbar. Jede Aussage, die wir über das »Nagual« machen, ist per definitionem nicht mehr als ein Aspekt im »Tonal«. »Tonal« und »Nagual« bilden somit ein Gegensatzpaar, und gleichzeitig bilden sie das einzig mögliche Gegensatzpaar, das es gibt. Alle anderen Gegensätze, von denen wir in unserem alltäglichen Leben sprechen, sind nur unterschiedliche Aspekte im Bereich des »Tonals«, aber keine Polaritäten.

Zur Veranschaulichung der Beziehung zwischen »Tonal« und »Nagual« hat uns Don Juan ein Bild gegeben: Wir sollen uns unsere Wirklichkeit als eine Insel vorstellen, die im unendlichen Meer der Realität schwimmt. Dieses Bild zeigt uns sehr deutlich den wahren Stellenwert der uns bekannten Welt, gleichzeitig aber auch deren Unverzichtbarkeit. Bei aller Unvollständigkeit und Relativität bietet uns die Wirklichkeit den einzig festen Grund, der uns im unendlichen Raum der Realität zur Verfügung steht. Wir brauchen das »Tonal« als Basis für unsere Ausflüge ins »Nagual«, zu denen uns Don Juan verhelfen will.

Die »Erste« und die »Zweite Aufmerksamkeit«

Unsere natürlichen Wahrnehmungen umfassen, nach Don Juan, das gesamte Spektrum der energetisch-materiellen Ebene der Realität. Infolge der bereits mehrfach beschriebenen Manipulation reduziert sich unser Wahrnehmungsvermögen jedoch auf den Bereich der Wirklichkeit. Auf dieser uns bekannten Grundlage baut Don Juan auf, wenn er den Begriff der »Aufmerksamkeit« in sein Lehrsystem einführt. Ohne etwas an den bisher beschriebenen Vorgängen zu verändern oder sie in Frage zu stellen, vervollständigt er lediglich die Erklärung des Geschehens, dem wir Zeit unseres Lebens ausgeliefert sind.

Nach Don Juan ist die Wahrnehmung ein Resultat unserer »Aufmerksamkeit«. Mit anderen Worten: Wir nehmen nur die Inhalte wahr, auf die wir unsere »Aufmerksamkeit« richten. Vor diesem Hintergrund müssen wir unsere bisherigen Aussagen ein wenig differenzieren.

Es ist nicht die Wahrnehmung selbst, die durch unsere Mitmenschen beeinflußt wird, sondern es ist unsere »Aufmerksamkeit«. Die »Aufmerksamkeit« wird durch bewußte und permanente Beeinflussung ausschließlich auf jene Bereiche der Realität gelenkt, die mit der Wirklichkeitsbeschreibung unserer Mitmenschen übereinstimmen. Nach entsprechend ausdauernder und intensiver Konditionierung erliegen wir dann der Illusion, die uns so vermittelte Welt sei die gesamte Realität. Wir schließen alle übrigen Bereiche aus unserem Bewußtsein aus.

Von diesem Augenblick an sind wir auf die Wirklichkeit fixiert. Jetzt beeinflussen wir selbst unsere eigene »Aufmerksamkeit« in der Weise, daß die sich aus ihr ergebenden Wahrnehmungen mit der Beschreibung der Welt übereinstimmen. Wir sind in einer Illusion verfangen, aus der wir uns aus eigener Kraft kaum befreien können. Don Juan bezeichnet diese vom »Tonal« eingefangene »Aufmerksamkeit« als die »Erste Aufmerksamkeit«. Für das weitergehende Verständnis seines Lehrsystems ist es nun wesentlich, daß er dieser »Ersten Aufmerksamkeit« eine »Zweite Aufmerksamkeit« gegenüberstellt.

Hierbei handelt es sich um eine gewisse »Restaufmerksamkeit«, die als unkonzentrierte, latente Kraft im Bereich der Realität verblieben ist. Von bestimmten Ausnahmesituationen abgesehen ist die »Zweite Aufmerksamkeit« nicht in der Lage, bewußtseinsbildend in Erscheinung zu treten. Und doch sind wir mit ihr im »Nagual« verblieben. Wir haben Anteil am gesamten Spektrum der Realität – auch wenn wir uns dessen nicht bewußt sind. Verantwortlich für diesen wahrhaft schizophrenen Zustand ist unser Verstand.

Er hat die Beschreibung der Welt akzeptiert und läßt daher ausschließlich die Wahrnehmungen der »Ersten Aufmerksamkeit« bewußtseinsbildend passieren. Die Wahrnehmungen der »Zweiten Aufmerksamkeit« werden von ihm unterdrückt.

Die »Vollständigkeit des Selbst«

Nachdem wir uns diese Zusammenhänge deutlich gemacht haben, verstehen wir das grundlegende Konzept und das durchgängige Ziel, das Don Juan mit seiner Lehre verfolgt. Er möchte, daß uns auch die Wahrnehmungen außerhalb unserer Wirklichkeit bewußt werden. Dazu ist es notwendig, daß wir uns der »Zweiten Aufmerksamkeit« bewußt bedienen. Wenn es uns gelingt, beide Teile unserer »Aufmerksamkeit« zu einer Einheit zu verbinden, dann gewinnen wir unseren ursprünglichen, naturgemäßen Status zurück. Wir erlangen die »Vollständigkeit unseres Selbst«. Wir haben Anteil am gesamten Spektrum der Realität, auf der materiell-energetischen Ebene der Manifestation.

Wenn wir dieses Ziel erreicht haben, dann sind wir auch befreit von der unbewußten Schattenseite in uns selbst. Der von Don Juan angestrebte Prozeß der Bewußtwerdung richtet sich nicht nur auf die Objekte und Geschehnisse in der uns umgebenden Welt, es ist gleichzeitig ein Akt der vollständigen Selbsterkenntnis und Selbstintegration. Es ist von wesentlicher Bedeutung, daß wir uns diese Zusammenhänge immer wieder vor Augen führen. Es gibt keinen wirklichen Unterschied zwischen Innenwelt und Außenwelt. Der Mensch als Mikrokosmos entspricht in seiner inneren Struktur und in seinem geistigen Aufbau, in allen Einzelheiten, dem Makrokosmos, dem Universum. Der Mensch steht dem Kosmos nicht in einem Subjekt-Objekt-Verhältnis gegenüber, er ist ein Teil des universalen Seins, ein individualisiertes Zentrum im kosmischen Prozeß der Selbsterkenntnis. Erst wenn wir die »Vollständigkeit des Selbst« erreicht haben, entsprechen wir unserer wahren menschlichen Natur. Wir sind erst dann in der Lage, den uns adäquaten Platz in der Realität einzunehmen. Solange wir auf unsere »Erste Aufmerksamkeit« fixiert bleiben und unsere Wahrnehmungen sich auf den Bereich der Wirklichkeit beschränken, sind wir unvollständig in uns selbst und in den Möglichkeiten unseres Erkennens und Erlebens. Durch die bewußte Integration der »Zweiten Aufmerksamkeit« werden wir zu einem vollständigen Menschen.

Um dieses Ziel zu erreichen, bedarf es folgender Schritte:

1. Die Initiation
2. Die Neuordnung des »Tonal«
3. Die Ablösung der »Ersten Aufmerksamkeit«
   vom »Tonal«
4. Die Fixierung der »Zweiten Aufmerksamkeit«
   im »Nagual«
5. Der Verlust der »Menschlichen Form«
6. Das »Anhalten der Welt«

Wenn wir uns diese sechs Punkte im weiteren etwas genauer ansehen, dann erkennen wir darin eine Widerspiegelung all der Lernabschnitte, die Castaneda im Laufe seiner zehnjährigen Lehrzeit durchlaufen hat.

Die Initiation

Um einen »normalen Menschen« für die »Zauberei« emp-
fänglich zu machen, bedarf es einer Initiation. Da er in
seiner Wirklichkeit gefangen ist und die »Blase der Wahrnehmung« aus eigener Kraft nicht verlassen kann, muß ihm
die Relativität und Begrenztheit seiner Welt durch einen
kraftvollen Impuls von außen vor Augen geführt werden. In
der Sprache Don Juans heißt das: Er muß »angehalten« werden und seine Richtung ändern.

»Du wirst deine Richtung ändern, und du wirst deine
Fesseln sprengen.«

Der Mensch muß erkennen, daß es außerhalb seiner
Wirklichkeit Kräfte und Ereignisse gibt, für die er zwar
keine Erklärung oder Beschreibung besitzt, die aber dennoch in so beeindruckender Form auf ihn einwirken, daß er
an ihrer tatsächlichen Existenz nicht zweifeln kann.

»... nur ein Verrückter würde versuchen, auf eigene
Faust ein Wissender zu werden. Ein nüchtern denkender
Mensch muß dazu überlistet werden.«

Die Initiation kann auf vielfältige Weise geschehen, und
nicht in jedem Fall ist dazu die Mitwirkung eines »wissenden Menschen« erforderlich. Im Lehrsystem Don Juans ist
es jedoch der »Zauberer« selbst, der durch eine bewußte
Einflußnahme auf die »Zweite Aufmerksamkeit« seines
Schülers die entscheidende Einsicht herbeiführt und ihn
hierdurch gleichzeitig an sich bindet. Nur selten wird dem
Schüler sofort bewußt, was mit ihm geschehen ist. Meistens
sind die persönlichen Abwehrkräfte und Unterdrückungs-

mechanismus, die wir gegenüber den Einflüssen des »Nagual« aufgebaut haben, so stark, daß wir das Initiationserleb-
nis auf direktem Weg in unser Unterbewußtsein befördern.

Doch auch die unterdrückten Inhalte unseres Bewußtseins üben einen Einfluß auf uns aus. So werden wir uns
dem Drängen dieses eingepflanzten Impulses auf die Dauer
nicht entziehen können. Der Drang nach Erkenntnis, der
begleitet wird von einem Streben nach Veränderung und
Vervollkommnung der eigenen Person, ist die unabdingbare
Voraussetzung dafür, daß wir uns überhaupt auf die Suche
nach der Wahrheit einlassen und die notwendigen mühsa-
men Lernschritte auf uns nehmen.

Der »Weg zum Wissen« beginnt mit der persönlichen
Initiation, und er wird begleitet von einer Vielzahl ähnli-
cher, gleichbedeutender Ereignisse, die uns immer wieder
antreiben, wenn wir in unseren Bemühungen nachlassen.

»Wir müssen angetrieben werden, damit wir lernen. Freiwillig würde diese Mühen niemand auf sich nehmen.«

Die Neuordnung des »Tonal«

Nachdem der Initiationsimpuls unsere Bereitschaft zum
Lernen und zur Veränderung geweckt hat, können wir
damit beginnen, unsere Einstellung zu uns selbst und zur
alltäglichen Welt zu überprüfen. Don Juan bewirkt dies
durch seine Anweisungen zum Leben als »Jäger« und als
»Krieger«. Den hierdurch ausgelösten Veränderungsprozeß
nennt er: die »Neuordnung des Tonal«. Er will uns zuerst
einmal aus der allgemein üblichen passiven Lebenseinstellung herausführen. Hierzu müssen wir erkennen, daß unser
Eindruck der persönlichen Schwäche und der Abhängigkeit

110

von vermeintlich unveränderbaren Lebensumständen falsch ist. Wir müssen lernen, für uns und für unsere Wirklichkeit selbst die Verantwortung zu übernehmen, und wir müssen uns entschließen, kraftvoll zu handeln. Im übrigen sollen wir beginnen, unser Leben neu auszurichten.

Durch die Initiation haben wir das einzig lohnende Ziel erkannt: die Erlangung der »Vollständigkeit des Selbst«. In diesem Sinn ist es zu verstehen, wenn Don Juan davon spricht, daß die Elemente unseres »Tonal« auf der Seite der Vernunft neu angeordnet werden müssen. Er möchte uns dazu bringen, unser Leben ausschließlich nach rationalen und im Sinne unseres Ziels zweckmäßigen Gesichtspunkten einzurichten. Unsere Handlungen sollen übereinstimmen mit den Gesetzmäßigkeiten des Lebens, sie sollen jedoch nicht in einer blinden, unkontrollierten Art und Weise emotionsgesteuert sein. Er fördert unser intuitives Wissen und Tun, er verurteilt jedoch das irrationale, gefühlsmäßige »Sichgehenlassen«.

Aus der Lebenseinstellung des »Jägers« und des »Kriegers« gewinnen wir ein großes Selbstbewußtsein, verbunden mit einer umfassenden Selbstkontrolle und Selbstdisziplin. Diese Eigenschaften benötigen wir als unabdingbare Voraussetzungen, um allen späteren Gefahren und Schwierigkeiten standhalten zu können.

Wenn wir den von Don Juan empfohlenen Verhaltenskodex akzeptieren und ihn in unser Leben umsetzen, dann bedeutet das eine grundlegende Veränderung unserer Lebenseinstellung und unserer Lebensumstände. Wir schaffen damit die notwendigen Voraussetzungen und Rahmenbedingungen für unseren »Weg zum Wissen« und geben unserem Leben eine neue Richtung.

Die Ablösung der »Ersten Aufmerksamkeit« vom »Tonal«

Sobald wir unser Leben im Sinn des »Kriegers« neu geordnet haben, können wir anfangen, unsere Wirklichkeitsverhaftung langsam aufzulösen. Wir müssen den Manipulationsprozeß, mit dem wir auf die kollektive Wirklichkeit festgelegt worden sind, rückgängig machen und unsere »Aufmerksamkeit« aus den Fesseln dieser Beschreibung befreien. Die Fixierung unserer »Aufmerksamkeit« auf das »Tonal« muß gebrochen werden. Unsere »Erste Aufmerksamkeit« muß frei werden, um sich später mit der »Zweiten Aufmerksamkeit« zur ursprünglichen, natürlichen Einheit zu verbinden.

Das Ablösen der »Ersten Aufmerksamkeit« ist ein tiefgreifender und einschneidender Vorgang. Ganz bewußt müssen wir uns lösen aus unserer Konditionierung und aus unseren anerzogenen Seh- und Verhaltensweisen. Wir müssen den Mut aufbringen, aus der kollektiven Glaubensgemeinschaft auszutreten, und wir müssen uns erlauben, mit unseren Handlungen gegen allgemeingültige Normen zu verstoßen. In einem gewissen Maß sind wir durch die Lebensführung des »Kriegers« auf diesen Prozeß bereits vorbereitet. Als spezielle Techniken, mit denen wir diesen Vorgang nun in Gang setzen und unterstützen sollen, empfiehlt uns Don Juan das »Handeln ohne Erwartung«, das »richtige Gehen« beziehungsweise das »Gaffen« und das »Auslöschen der Persönlichen Geschichte«.

Wenn wir diese Übungen konsequent anwenden, dann lösen und befreien wir uns von den Bedingungen und Notwendigkeiten der alltäglichen Welt. Zu unserer großen Überraschung unterbrechen wir auch die vermeintlich unüberwindlichen Kausalitätsketten, die zu den Fundamenten unserer Wirklichkeitsbeschreibung zählen. In beeindruk-

kender Weise erleben wir eine bisher ungewohnte Freiheit
in unseren Denk- und Vorstellungsmöglichkeiten. Wir werden bereit, neue, den üblichen Meinungen oftmals wider-
sprechende Inhalte in unserer Welt zu akzeptieren. Darüberhinaus führt uns das »Richtige Gehen« und das »Gaffen« zu
einem Stillstand der Gedanken. Hierdurch wird der intellektuelle Interpretationsprozeß unserer Wahrnehmungen
ausgeschaltet, und dies bewirkt eine vollständige Lösung
von der Beschreibung der Welt. Don Juan nennt diesen
Vorgang das »Anhalten des Inneren Dialogs«. Der Begriff
kann gleichbedeutend wie das vollständige Lösen der »Ersten Aufmerksamkeit« verstanden werden.

Die Fixierung der »Zweiten Aufmerksamkeit« im »Nagual«

Nachdem es uns gelungen ist, den »Inneren Dialog« anzuhalten und so unsere Fixierung auf die Wirklichkeit zu
unterbrechen, können wir uns der »Zweiten Aufmerksamkeit« zuwenden.

Don Juan spricht von einem »Einfangen« der »Zweiten
Aufmerksamkeit«, und er versteht darunter die Bemühungen, die wir aufwenden müssen, um dieser Kraft Herr zu
werden. Wir müssen den Umgang mit der »Zweiten Aufmerksamkeit« ebenso erlernen, wie wir es lernen mußten,
unsere »Erste Aufmerksamkeit« auf die Wirklichkeit zu
fixieren. Das Problem besteht darin, daß wir beim Erlernen,
die Wirklichkeit zu sehen, von unseren Mitmenschen
geführt und angehalten wurden. Nun müssen wir diesen
Vorgang hinsichtlich der »Zweiten Aufmerksamkeit« aus
eigenem Antrieb und ohne Unterstützung durch unsere
Umwelt zustande bringen.

Don Juan gibt uns vier Techniken, mit deren Hilfe wir die

»Zweite Aufmerksamkeit« einfangen und zu einem gefügigen Werkzeug machen sollen: das »Träumen«, das »Unterbrechen der Routine«, die »Gangart der Kraft« und das »Nicht-Tun«. Bei all diesen Übungen handelt es sich um spezielle Handlungsweisen, die im Gegensatz zu unserem normalen, wirklichkeitskonformen Verhalten stehen. Sie sollen uns auf direktem oder indirektem Weg den Umgang mit unseren neuen Wahrnehmungen nahebringen. Wir lernen sukzessiv das bewußte Erkennen und Erleben der unterschiedlichen Bereiche der Realität, und unser Ziel muß es sein, die »Zweite Aufmerksamkeit« im gleichen Umfang zu beherrschen wie das Tagesbewußtsein.

Das Führungs- und Kontrollinstrument, das wir zur bewußten Handhabung der »Aufmerksamkeit« ausbilden und entwickeln müssen, nennt Don Juan den »Willen«. Wir dürfen diesen Begriff jedoch nicht in der uns geläufigen Art und Weise interpretieren. Es handelt sich vielmehr um eine intuitive »Kraft«, die unter normalen Bedingungen in unserem Unterbewußtsein angesiedelt ist und nichts mit den uns bekannten Willensanstrengungen zu tun hat. Der »Wille« ist die Energie, die die »Aufmerksamkeit« eines »normalen Menschen« im Bereich der Wirklichkeit festhält. Er arbeitet als ein autonomes System, ohne unser bewußtes Dazutun. In gleicher Weise, wie wir diese »Kraft« für unsere »Erste Aufmerksamkeit« in einem langwierigen Lernprozeß entwickelt und zur Perfektion gebracht haben, müssen wir sie auch für die »Zweite Aufmerksamkeit« schaffen. Dieser Vorgang ist schwierig und subtil, da er nur in sehr geringem Maß von unserer bewußten Entscheidung abhängig ist.

Als besonderes Instrument zur Entwicklung und Vervollkommnung des »Willens« empfiehlt Don Juan die Technik des »Träumens«. Wir werden auf diese Disziplin an anderer Stelle ausführlich eingehen.

Unsere Übungen zur Fixierung der »Zweiten Aufmerksamkeit« stellen einen entscheidenden Schritt auf unserem persönlichen »Weg zum Wissen« dar. Zum erstenmal treten wir aus eigener Kraft und mit vollem Bewußtsein in den direkten Kontakt mit der Realität und erleben die ganze Dimension des menschlichen Seins. Unsere Erkenntnisse öffnen uns für ein neues Verständnis vom Wesen des Menschen und des Universums, und spätestens, wenn wir diesen ersten Schritt in die Unendlichkeit getan haben, wird unser Weg zum »way without return«! Wir können nun, nachdem wir eine Ahnung von der überwältigenden Dimension der Schöpfung erhalten haben, nicht mehr zurück in die Welt des »normalen«, auf seine alltägliche Wirklichkeit begrenzten Menschen.

Der Verlust der »Menschlichen Form«

Carlos Castaneda benötigt einen Zeitraum von mehr als zehn Jahren, um seinen »Inneren Dialog« anzuhalten und um erste Erfolge im Umgang mit der »Zweiten Aufmerksamkeit« zu erzielen. Dies, obwohl er unter dem direkten Einfluß von Don Juan steht und durch ihn immer wieder korrigiert und vorangetrieben wird. Wenn wir uns also dazu entschließen, ihm auf seinem Weg zu folgen, dann sollten wir die zu bewältigenden Schwierigkeiten und die dazu notwendigen Zeiträume nicht unterschätzen. Es sind lebenslange Bemühungen notwendig, um das Ziel, die »Vollständigkeit des Selbst«, zu erreichen. Wenn wir uns jedoch hiervon nicht abschrecken lassen und uns mit dem notwendigen Mut und einiger Zuversicht auf den Weg machen, dann wird auch der Erfolg nicht ausbleiben. Unsere persönliche Kraft wächst kontinuierlich mit jedem Schritt, den wir tun, und sie macht es uns immer leichter, ein »makelloses Leben« zu führen.

Don Juan benutzt den Begriff der »Makellosigkeit« in bezug auf die Lebensführung und die Handlungen des »Kriegers«. Wenn sich all unser Tun in vollständiger Übereinstimmung mit der von uns als richtig und sinnvoll erkannten Lehre befindet, dann handeln wir »makellos«. Dies schließt natürlich ein, daß wir auch all die Techniken zur Lösung der »Ersten« und Fixierung der »Zweiten Aufmerksamkeit« konsequent üben und anwenden. Wenn wir ein solches Leben führen, dann verlieren wir schließlich unsere »Menschliche Form«. Der Verlust der »Menschlichen Form« ist der krönende Abschluß unserer Bemühungen um »Makellosigkeit« und »Vollständigkeit«. In einem letzten aufbäumenden und, wie Castaneda beschreibt, auch körperlich fühlbaren Kampf verlieren wir unser altes, herkömmliches Wesen einschließlich aller Verhaftungen und Fixierungen. Wir werden zu einem neuen Menschen.

Dieser Vorgang ist auch in vielen anderen spirituellen Systemen gut bekannt und wird dort lediglich mit anderen Namen belegt. Man spricht vom »Mystischen Tod«, von der »Neugeburt im Geist«, von der »Feuertaufe« oder vom »Umstellen der Lichter«. Das Resultat ist jedesmal ein »Neuer Mensch«, der sich seiner Vollständigkeit bewußt ist und ohne Unterschied mit allen Bereichen der Realität in Kommunikation steht. Er hat beide Teile seiner »Aufmerksamkeit« zu einer Einheit verschmolzen und bedient sich ihrer mittels seines »Willens« nach Belieben. Dieser »Formlose Mensch« lebt und erkennt die gesamte Realität und stellt die ursprüngliche, natürliche Art und Weise des Menschseins dar.

Für den langen Weg, den wir bis zu diesem Ziel zurücklegen müssen und auf dem wir eingebunden bleiben in die

Welt der »normalen Menschen«, empfiehlt uns Don Juan
zwei Techniken: das »Pirschen« und die »Vollständige Rekapitulation«. Das »Pirschen« ist eine nach außen, auf die
Umwelt und auf unsere Mitmenschen gerichtete Verhaltensweise. Wir sollen sie zur Aufrechterhaltung und zur besseren Handhabung unseres alltäglichen Lebens benutzen. Im
wesentlichen besteht es aus der konsequenten Anwendung
der bereits an anderer Stelle ausführlich behandelten »Kontrollierten Torheit«. Darüberhinaus werden mit dem »Pirschen« die grundsätzlichen Lebensmaximen des »Kriegers«
zusammengefaßt.

Im Gegensatz hierzu und gleichsam als eine ausgleichende
Ergänzung bietet uns die »Vollständige Rekapitulation« eine
Möglichkeit, das »Makellose Handeln« durch die Klärung
und Läuterung unserer psychischen Struktur von innen her
zu unterstützen. Diese Übung entspricht in ihren wesentlichen Elementen einer umfassenden psychoanalytischen Diagnose und Eigentherapie, die uns von verbliebenen Engrammen und seelischen Beeinträchtigungen befreien soll.

Die Welt anhalten

Der »Formlose Mensch« ist ein Meister der »Zauberei«. Er
benötigt die bisher so wichtigen und notwendigen Techniken nicht mehr, um sich aus der Wirklichkeit zu lösen und
in das »Nagual« einzugehen. Auf natürliche und selbstverständliche Weise benutzt er seine »Aufmerksamkeit«, und
seine Wahrnehmungen umfassen den gesamten Bereich der
energetisch-materiellen Manifestation. Er verfügt über das,
was wir aus der esoterischen Literatur als das Phänomen des
»Dritten Auges« kennen. In der Terminologie Don Juans
heißt es: Er ist in der Lage, die »Welt anzuhalten« und zu
Sehen.

Der »Vollständige Mensch« sieht und erlebt die Realität so wie sie ist, objektiv und ohne den dazwischengeschalteten Filter der Interpretation. Gleichzeitig handelt und bewegt er sich auch in dieser ganzheitlichen Welt; er ist auf den astralen, also feinstofflichen oder geistigen Ebenen des Seins ebenso zu Hause wie in der alltäglichen Wirklichkeit. Neben seinem Körper aus Fleisch und Blut besitzt er einen »astralen Leib« oder, wie Don Juan es nennt, einen »Traumkörper«, und er bedient sich dieses Instruments bei seinen Reisen durch Raum und Zeit. Wenn wir diesen Zustand erreicht haben, dann gelten für uns andere Gesetze als im wohlbekannten Hier und Jetzt. Wir haben andere Prioritäten und richten unser Leben nach neuen, bis dahin unbekannten Zielen aus.

Der Spalt zwischen den Welten

Der »Formlose Zauberer« macht sich auf die Suche nach dem »Spalt zwischen den Welten«. Dieser bildhafte Ausdruck steht für das Hinübergehen in eine neue Dimension des Seins, jenseits unserer Denk- und Vorstellungsmöglichkeiten. Und doch bezeugen alle großen Religionen die Existenz einer solchen »himmlischen Sphäre«, sie nennen sie »Nirvana« oder »Himmelreich«.

Es darf uns nicht überraschen, wenn Don Juan jetzt diesen weiteren, vollständig neuen Aspekt in seinem Lehrsystem auftauchen läßt. Wie alle wahrhaft spirituellen Systeme strebt es in letzter Konsequenz nicht nur nach der Erkenntnis der Wahrheit, sondern nach der persönlichen Erlösung. Diese aber finden wir nicht auf der materiell-energetischen Ebene, denn sie ist nicht von dieser Welt.

»Du mußt dich zwingen, deine Grenzen zu überschreiten – immer! Es gibt viele Dinge, die du heute tust und die dir vor zehn Jahren verrückt erschienen wären. Die Dinge selbst haben sich nicht verändert, aber deine Vorstellung von dir selbst hat sich geändert; was vorher unmöglich war, ist jetzt ohne weiteres möglich, und vielleicht ist es nur eine Frage der Zeit, wann es dir gelingt, dich vollkommen zu ändern.«   Don Juan

Das Träumen

Don Juan bezeichnet das »Träumen« als die Hohe Kunst der »Zweiten Aufmerksamkeit«. Im Gegensatz zu allen bisher behandelten Techniken – deren gemeinsames Ziel es war, unsere Fixierung auf die Wirklichkeit zu unterbrechen – sollen wir jetzt unsere »Zweite Aufmerksamkeit« benutzen, um mit dem »Nagual« in Kontakt zu treten. Das »Träumen« setzt somit voraus, daß wir unsere Fähigkeit zum Anhalten des »Inneren Dialogs« in einem gewissen Umfang bereits entwickelt haben.

Bevor wir uns nun unter praktischen Gesichtspunkten mit dieser Übung beschäftigen, müssen wir jedoch noch einige Prämissen klären:

1. Die Bezeichnung, die Don Juan für die Technik gewählt hat, ist problematisch. Das »Träumen«, das er uns lehrt, hat mit dem gleichnamigen Vorgang, der uns während des Schlafens überfällt, wenig oder nichts zu tun. Sein »Träumen« ist eine bewußte aktive Handlung zur Steuerung und Kontrolle der »Zweiten Aufmerksamkeit«. Lediglich im Ausgangs- und Ansatzpunkt gibt es eine gewisse Berührung

zwischen unseren normalen Träumen und dem »Träumen«
Don Juans.

»Das ›Träumen‹ ist für den Krieger wirklich, denn er kann
darin gezielt handeln, er kann das eine wählen und das
andere verwerfen, er kann aus einer Vielzahl von Dingen
diejenigen auswählen, die zu Kraft führen, und er kann
sie manipulieren und benutzen, während er in einem normalen Traum nicht gezielt handeln kann.«

2. Die Vorgänge während des aktiven »Träumens« sind
keine Visionen oder Imaginationen; sie sind Realität. Sie
besitzen den gleichen Stellenwert wie unsere Erlebnisse im
Tagesbewußtsein und unterscheiden sich von der Wirklichkeit nur dadurch, daß sie eben nicht auf diesen manipulierten Ausschnitt der Welt fixiert sind. Im Gegensatz zu unserem Tagesbewußtsein führen sie uns ins »Nagual«, das heißt,
in die Unendlichkeit der energetisch-materiellen Realität.
Während des »Träumens« bedienen wir uns der »Restaufmerksamkeit«, mit der wir in der Realität verblieben sind,
und erhalten so die Möglichkeit, eine Bewußtheit für diesen
Bereich zu entwickeln.
3. Mit dem »Träumen« erhalten wir eine Technik, die
uns den gesteuerten und kontrollierten Kontakt mit dem
»Nagual« ermöglicht. Dies ist sehr wichtig für uns. Würden
wir den dort vorhandenen Kräften in unvorbereiteter und
unkontrollierter Weise ausgesetzt werden, dann könnte es
zu einer nicht übersehbaren Flut von Informationen kommen. Hierdurch würde unser Bewußtsein überschwemmt
werden, und dies könnte uns die Rückkehr in die Wirklichkeit erschweren oder sogar unmöglich machen.

120

Das Planen des Träumens

Wie müssen wir nun praktisch vorgehen, wenn wir uns mit Hilfe des »Träumens« in die Realität vorwagen wollen?

»Ich werde dich lehren, das ›Träumen‹ zu arrangieren. Das ›Träumen‹ arrangieren bedeutet, eine genaue und pragmatische Kontrolle über die allgemeinen Bedingungen eines ›Traumes‹ zu haben, vergleichbar mit der Kontrolle, die man über jede Entscheidung in der Wüste hat, etwa ob man auf einen Berg steigen oder im Schatten der Schlucht bleiben will ... Du mußt mit etwas sehr Einfachem beginnen. Heute nacht mußt du im ›Traum‹ deine Hände ansehen.«

Don Juan bringt uns bereits mit dieser ersten Anweisung in Schwierigkeiten; auch wenn er sie als eine »sehr einfache« Übung bezeichnet. Wenn wir uns im »Traum« unsere Hände ansehen wollen, dann setzt das bereits voraus, daß wir uns unserer selbst bewußt sind. Eben dies ist bei einem normalen Traum aber nicht der Fall. Es ist somit wichtig, daß wir uns von seiner Verwendung der Begriffe »Traum« und »Träumen« nicht verwirren lassen.

Don Juan empfiehlt uns, die Übungen abends zu beginnen, wenn wir uns zum Schlafen niedergelegt haben. Unsere Ausgangssituation ist ein Zustand vollkommener Ruhe und Entspanntheit. Darüber hinaus sollen wir den »Inneren Dialog« soweit als möglich abstellen. Der entscheidende weitere Schritt besteht nun darin, daß wir in dieser »Meditation« verharren und uns langsam in den Zustand des Schlafens hinübergleiten lassen – jedoch, ohne dabei unsere Bewußtheit zu verlieren. Mit anderen Worten; wir müssen den Vorgang des Einschlafens bei uns selbst beobachten und zumindest einen Teil unseres Bewußtseins aufrechterhalten und in den Schlaf mit hinübernehmen. Don Juan versucht dies zu bewirken, indem er uns empfiehlt, auf unsere Hände konzentriert zu bleiben. Die starke Konzentration auf die eigenen Hände kann, während wir einschlafen, das Verschwinden des Bewußtseins verhindern.

Wenn wir die Übung erfolgreich praktizieren – und hierzu ist einige Geduld und viel Bemühen erforderlich – dann werden wir im Schlaf unsere Hände sehen. Und dies nicht in Form einer bloßen Vision oder Imagination, sondern auf der realen Ebene des »Nagual«. Das heißt, die Hände, die wir sehen, existieren tatsächlich. Es sind unsere »astralen« oder »feinstofflichen« Hände. Sie gehören zu uns und unserem Körper, so wie er außerhalb unserer tagesbewußten Wirklichkeit auf der Ebene der materiell-energetischen Realität vorhanden ist. Doch es erfordert unser intensives Bemühen, die »astralen« Hände zu sehen, und es ist ebenso schwer, dieses Sehen aufrechtzuerhalten.

»Jedesmal wenn du in deinen ›Träumen‹ etwas ansiehst, verändert es seine Form. Der Trick, das Arrangieren der ›Träume‹ zu lernen, besteht offenbar darin, die Dinge nicht einfach anzuschauen, sondern ihren Anblick auszudehnen. Das ›Träumen‹ ist real, wenn es einem gelingt, sich auf alles zu konzentrieren. Dann gibt es keinen Unterschied zwischen dem, was man tut, wenn man schläft, und dem, was man tut, wenn man nicht schläft... Wenn sie (die Hände) anfangen, ihre Form zu verändern, mußt du den Blick von ihnen wenden und etwas anderes ansehen, und dann schau wieder deine Hände an. Es dauert lange, diese Technik zu vervollkommnen.«

Wenn wir das »Träumen« üben, dann wird es in der ersten Phase immer wieder geschehen, daß die angeschauten Gegenstände unscharf werden oder verschwimmen. Ferner kann es dazu kommen, daß sich unser »astrales« Sehen mit normalen Traumvisionen vermischt oder in normale Träume abgleitet. Dies liegt an einem Mangel der aufrechterhaltenden Bewußtheit und kann nur durch ausdauerndes Praktizieren nach und nach überwunden werden.

»Es war mir relativ leicht gefallen, das Bild meiner Hände anzuhalten, nachdem ich gelernt hatte, mich zu zwingen, sie anzusehen. Meine Traumbilder, auch wenn sie nicht immer meine Hände zeigten, hielten offenbar lange an, bis ich schließlich die Kontrolle verlor und mich in normale, unvorhersagbare Träume verlor.«

Das Aufrechterhalten der »Traumbilder«, also das kontinuierliche Fixieren der »Zweiten Aufmerksamkeit«, ist eine Fähigkeit, die wir erlernen müssen und die uns am Anfang einige Schwierigkeiten bereitet. Dies insbesondere, weil es sich um einen Vorgang handelt, den wir nicht willentlich beeinflussen können. Die dazu notwendige autonome Kontrollinstanz muß sich erst langsam in uns ausbilden.

»Es hing nicht von meinem Willen oder dergleichen ab, wenn ich mir den Befehl gab, meine Hände oder ein anderes Detail des Traumes anzusehen. Es geschah ganz einfach. Irgendwann fiel mir ein, daß ich auf meine Hände und dann auf die Umgebung schauen mußte. Es gab aber auch Nächte, nach denen ich mich nicht daran erinnern konnte, daß es mir gelungen war.«

Wenn wir das »Träumen« so weit beherrschen, daß es uns möglich ist, die Hände oder jedes andere Objekt beliebig anzusehen, dann können wir die Technik erweitern.

»Der nächste Schritt beim Arrangieren der ›Träume‹ besteht darin, daß man lernt zu reisen. Genau wie du gelernt hast, deine Hände anzusehen, kannst du dich zwingen, dich fortzubewegen, dich an einen bestimmten Ort zu begeben. Als erstes mußt du einen Platz bestimmen, an dem du sein willst. Wähle einen dir gut bekannten Ort – vielleicht deine Schule oder das Haus eines Freundes –, und dann zwing dich, dich dorthin zu begeben.
Diese Technik ist sehr schwierig. Du mußt dabei zwei Dinge tun. Du mußt dich einmal zwingen, dich an die jeweilige Örtlichkeit zu begeben. Und dann, wenn du diese Technik beherrschst, mußt du lernen, exakt die Zeit deiner Reise zu kontrollieren.«

Mit diesen Anweisungen fordert Don Juan uns auf, eine »Astralreise« zu unternehmen. Wir sollen uns mit unserem »feinstofflichen Körper« an einen anderen uns gut bekannten Ort begeben.
Für das Verständnis des »Träumens« und speziell für den Vorgang der »Traumreise« ist es erforderlich, daß wir uns die reale Ebene des Geschehens immer wieder bewußt machen. Wenn wir das »Träumen« praktizieren, dann handeln wir bei vollem Bewußtsein, und wir befinden uns im Bereich des »Nagual«. Don Juans Anweisungen binden unsere Handlungen jedoch an einen begrenzten Bereich in dieser unendlichen Dimension des Seins. Ganz bewußt trägt er uns auf, unsere Aktivitäten auf ein Gebiet zu beschränken, das unserer alltäglichen Wirklichkeit entspricht. Er tut

124

dies, um zu verhindern, daß wir uns in der Unendlichkeit
verlieren.

Sofern wir unsere Fähigkeiten im Umgang mit der »Zweiten Aufmerksamkeit« bereits genügend ausgebildet haben,
findet unsere »Traumreise« zu dem »uns gut bekannten Ort«
somit tatsächlich statt. Wir begeben uns an den Platz unserer Wahl und sehen und erleben ihn unmittelbar und im
Augenblick unseres Dortseins. Damit wir bei diesem Vorgang keinen Täuschungen erliegen und eventuell auftau-
chende Phantasien oder Visionen nicht mit dem »astralen
Reisen« verwechseln, empfiehlt uns Don Juan, die Zeit
unserer Reise zu kontrollieren. Die Uhrzeit unseres »Träumens« muß übereinstimmen mit dem Zeitpunkt unserer
Anwesenheit an dem Ort, zu dem wir uns begeben haben.

»Ich hatte in letzter Zeit von bestimmten Orten geträumt,
etwa von der Universität oder den Wohnungen von
Freunden... Meine Träume stimmten mit der Tageszeit
überein, zu der ich mich normalerweise an diesen Orten
aufhielt – tagsüber in der Universität und abends bei
meinen Freunden zu Hause. Er (Don Juan) schlug vor, ich
solle versuchen, tagsüber zu schlafen und zu träumen, um
dabei festzustellen, ob ich mir den gewählten Platz so
vorstellen könne, wie er zu der Zeit, wenn ich träumte,
tatsächlich aussieht. Wenn ich nachts träumte, sollten
meine Traumbilder den betreffenden Ort bei Nacht zeigen. Was man beim Träumen erlebe, sagte er, müsse mit
der Tageszeit übereinstimmen, zu der das Träumen statt-
finde; sonst seien die Visionen kein ›Träumen‹, sondern
gewöhnliche Träume.«

Wir haben das »Träumen« in der bisherigen Beschreibung
als eine relativ einfache und mit etwas Übung als eine pro-

blemlos durchzuführende Disziplin betrachtet. Dieser Eindruck täuscht jedoch. In Wahrheit bedarf es jahrelanger, systematischer Anstrengungen, wenn wir einigermaßen befriedigende Resultate erzielen wollen.

»Nach jahrelangen erfolglosen Versuchen war es mir schließlich gelungen (meine Hände zu sehen). Rückblickend betrachtet war mir klargeworden, daß es mir erst gelungen war, nachdem ich ein gewisses Maß an Kontrolle über meine Alltagswelt gewonnen hatte ... Ich erzählte ihm (Don Juan), daß es mir oft unüberwindbar schwierig erschienen war, mir den Befehl zu erteilen, meine Hände anzusehen. Er hatte mich gewarnt, daß die erste Phase der Vorbereitung, die er als das ›Planen des Träumens‹ bezeichnete, ein tödliches Spiel darstelle, das der Geist des Betreffenden mit sich selbst spiele, und daß ein Teil meiner selbst alles tun werde, um die Erfüllung meiner Aufgabe zu verhindern.«

Nach Don Juan besteht das einzige Mittel, um im »Träumen« erfolgreich zu werden, in einer beharrlichen Disziplin. Wir fördern darüber hinaus mit unseren konsequenten Bemühungen auch das Anhalten des »Inneren Dialogs«. Und das ist die Voraussetzung für unseren Erfolg.

»Die Erklärung der Zauberer, wie man ein Thema zum ›Träumen‹ auswählt, besagt, daß ein Krieger das Thema wählt, indem er absichtlich vor seinem inneren Auge ein Bild festhält, während er seinen inneren Dialog abstellt. Mit anderen Worten: wenn er einen Augenblick aufhören kann, mit sich selbst zu sprechen, und wenn er dann, sei es nur für einen Moment, das Bild oder die Vorstellung von dem, was er beim ›Träumen‹ sehen will, festhalten kann, dann wird ihm der gewünschte Gegenstand erscheinen. Ich bin sicher, daß du dies getan hast, auch wenn es dir nicht bewußt geworden ist.«

Die Hohe Kunst des Träumens

Obwohl uns schon die bisher beschriebenen Übungen zur »Traumtechnik« für eine lange Zeit in Anspruch nehmen, stellen sie doch nur die Vorbereitungs- und Einleitungsphase dar, in der wir uns grundlegend mit dieser Disziplin vertraut machen sollen. Unsere Kontakte zum »Nagual« verbleiben in einem kleinen, begrenzten Rahmen. Der Bereich der Wirklichkeit wird kaum überschritten, und Don Juan hält uns fern von den überwältigenden Dimensionen der Realität. In diesem Sinn müssen wir das bisher praktizierte »astrale Sehen« und die »Traumreisen« als »Eingewöhnungsübungen« begreifen, dazu geschaffen, uns auf die Hohe Kunst des »Träumens« vorzubereiten.

Don Juan hat uns in der Anfangsphase nur sehr wenig technische Hinweise zu unseren Übungen gegeben. Es blieb vorwiegend unserem Improvisationstalent überlassen, wie wir den »Traumzustand« erreichen. Jetzt aber erhalten wir präzise Anweisungen.

Er empfiehlt uns, die frühen Morgen- oder späten Abendstunden zum Üben zu benutzen. Dies hat pragmatische Gründe. Um das »Träumen« zu praktizieren, benötigen wir vollkommene Ruhe und Ungestörtheit; und zwar sowohl im bezug auf die physische als auch die psychische Beeinflussung. Die von Don Juan genannten Zeitpunkte bieten uns den größtmöglichen Schutz gegenüber der Einflußnahme durch unsere Mitmenschen, sowohl im bezug auf ihr Tun als auch hinsichtlich ihrer Gedanken. Neben der genauen Zeitvorgabe wird uns jetzt auch eine exakte »Traumhaltung« empfohlen.

»Ich hatte es anfangs in der Rückenlage gemacht, bis Don Juan mir eines Tages sagte, daß ich, um bessere Ergebnisse zu erzielen, aufrecht auf einer weichen, dünnen Matte sitzen sollte mit aneinandergelegten Fußsohlen und auf die Matte gedrückten Schenkeln. Da ich elastische Hüftgelenke hätte, so sagte er, solle ich sie auch in vollem Umfang gebrauchen mit dem Ziel, meine Schenkel ganz flach an der Matte aufliegen zu lassen. Wenn ich in dieser Sitzhaltung in das ›Träumen‹ einträte, so fügte er hinzu, würde mein Körper nicht zur Seite gleiten oder fallen, sondern mein Rumpf würde vornüber knicken und meine Stirn würde auf meinen Füßen ruhen.«

Die hier von Castaneda beschriebene Sitzposition entspricht nahezu vollständig der uns bereits vom »Gaffen« her bekannten »Meditationshaltung«. Nicht nur aufgrund dieser äußerlichen Übereinstimmung, sondern auch wegen einiger anderer Hinweise erscheint es angebracht, bei unseren Übungen zum Anhalten des »Inneren Dialogs« dem »Gaffen« gegenüber dem »Richtigen Gehen« den Vorzug zu geben. Die uns zur Außenwelt abschließende Wirkungsweise des »Gaffens« ist eine deutlich bessere Vorbereitung auf den meditativen Zustand des »Träumens«, als die Öffnung unserer Sinne durch das »Richtige Gehen«.

Nachdem wir nun die uns bereits bekannte Sitzhaltung eingenommen haben, können wir in das »Träumen« durch folgende Schritte eintreten:
- Wir stellen den »Inneren Dialog« ab.
- Wir konzentrieren uns auf die Körperregion an der Spitze unseres Brustbeins.

128

– Wir imaginieren den gewünschten Ort oder Gegenstand. Die jetzt eintretenden, unterschiedlichen Phasen bei der Veränderung unseres Bewußtseins beschreibt Castaneda so:

»Die ›Ruhige Wachsamkeit‹ ist das Vorstadium, ein Zustand, in dem die Sinne einschlafen und man doch bewußt ist. In meinem Fall hatte ich diesen Zustand stets als ein Fluten rötlichen Lichts empfunden – ein Licht genau wie jenes, das man sieht, wenn man mit fest geschlossenen Augenlidern in die Sonne blickt. Der zweite Zustand des ›Träumens‹ ist die Phase, die ich als ›Dynamische Wachsamkeit‹ bezeichne. In diesem Zustand verflüchtigt sich das rötliche Licht, ähnlich wie Nebel sich verflüchtigt, und man erblickt eine Szene, eine Art statisches Panorama. Man sieht ein dreidimensionales Bild, etwas Erstarrtes, eine Landschaft, eine Straße, ein Haus, eine Person, ein Gesicht, irgend etwas. Den dritten Zustand nannte ich ›Passives Beobachten‹. Dabei betrachtet der Träumer nicht einen erstarrten Teil der Welt, sondern er beobachtet als ›Augenzeuge‹ ein Ereignis. Es ist, als mache das Primat der Gesichts- und Gehörsinne diesen Zustand des ›Träumens‹ hauptsächlich zu einer Sache der Augen und Ohren. Der vierte Zustand war für mich immer eine Phase, in der ich mich zum Handeln gedrängt fühlte. Dabei ist man gezwungen, etwas zu unternehmen, Schritte zu tun, das Beste aus der gegebenen Zeit zu machen. Diesen Zustand nannte ich ›Dynamische Initiative‹.«

Wenn es uns gelingt, diese Stufe des »Träumens« zu erreichen, dann treten wir ein in eine neue Welt mit anderen, bisher unbekannten Bedingungen und Gesetzmäßigkeiten. Wir treffen auf unseren »Doppelgänger« und erleben darin das »astrale Gegenstück« zu unserem materiellen Körper. Mit ihm bewegen wir uns frei durch Raum und Zeit. Nach und nach lernen wir so die bisher unzugänglichen Dimensionen der inneren und äußeren Realität kennen.

Die von Castaneda in diesem Zusammenhang beschriebenen, vielfältigen Geschehnisse und Interaktionen können wir nur phänomenologisch betrachten. Exakte Erklärungen oder Interpretationen sind kaum möglich, da uns die persönliche Zugänglichkeit zu seinen subjektiven Berichten fehlt. Es sei denn, wir befänden uns mit unseren eigenen praktischen Übungen auf einer vergleichbaren Stufe.

Nur auf ein ganz besonderes Phänomen soll dennoch kurz eingegangen werden. Castaneda beschreibt bestimmte Situationen, in denen es zu einer unmittelbaren Verbindung zwischen seinen Aktivitäten im »Nagual« und unserer Wirklichkeit kommt. Das heißt, es besteht offensichtlich die Möglichkeit, unsere »Zweite Aufmerksamkeit« so weit zu entwickeln, daß wir uns dieser »Kraft« auch aus dem Tagesbewußtsein heraus bedienen können. Dies schließt eine örtlich und zeitlich begrenzte und personengebundene Übertragung der andersartigen Gesetzmäßigkeiten des »Nagual« in unsere Wirklichkeit ein. Wir werden hierdurch in die Lage versetzt, auch im Bereich der Wirklichkeit bestimmte Dinge zu tun, die im Gegensatz zu den hier herrschenden Bedingungen stehen. Dies erklärt Castanedas Erlebnisse und Beobachtungen, wenn er von den »durch die Luft fliegenden« oder sich selbst »unsichtbar machenden Zauberern« spricht.

Wir tun jedoch gut daran, den wirklichen Stellenwert dieser spektakulären Geschehnisse nicht aus den Augen zu verlieren. Letztlich handelt es sich um die »Abfallprodukte« bei unseren Bemühungen um die »Vollständigkeit des Selbst«, jedoch nicht um Ziele, die um ihrer selbst willen

130

angestrebt werden. Im Gegenteil – wenn wir diesen Dingen zu viel Aufmerksamkeit schenken, dann gefährden wir damit unser Voranschreiten auf dem »Weg zum Wissen«, denn dann erliegen wir dem dritten Feind des »Zauberers«, der Macht.

Ähnlich wie beim »Auslöschen der Persönlichen Geschichte« erhalten wir von Don Juan drei Hilfstechniken, die wir zur Unterstützung unserer »Traumübungen« einsetzen sollen:

Die Routine unterbrechen

Eine der tragenden Säulen im System der Wirklichkeit ist die immerwährende Aufforderung, unserem Leben einen routinemäßigen Ablauf zu geben. Obwohl diese Bedingung nicht offen ausgesprochen wird, zwingt uns der tägliche Alltag zu einem stets gleichbleibenden Verhalten. Wir sind eingebunden in feste Arbeitszeiten und in den Rhythmus des gesellschaftlichen Zusammenlebens. Unsere Mitmenschen orientieren sich nicht an unserem persönlichen Befinden oder an unseren spontanen Wünschen, sondern an festgesetzten, stets gleichbleibenden Bedingungen.

Wir frühstücken um sieben, essen zu Mittag um zwölf, und um sechs Uhr abends nehmen wir unser Abendessen ein, routinemäßig. Am Wochenende schlafen wir länger, wir essen zu anderen Zeiten und gestalten den Tag nach unseren Wünschen –, auch dies tun wir routinemäßig. Die große Selbstverständlichkeit, mit der wir uns den Routinen des Lebens unterwerfen, macht uns blind für deren Existenz. Wir wundern uns lediglich ab und an über ein Gefühl der Leere und Eintönigkeit. Es sind unsere manipulierten Denkprozesse, die uns in dieses Routineverhalten treiben.

Solange wir sie nicht unterbrechen, haben wir keine Möglichkeit, unsere »Aufmerksamkeit« aus ihrer Erstarrung zu befreien.

»Du glaubst, daß alles auf der Welt leicht zu verstehen sei, weil alles, was du tust, Routine ist, einfach und leicht verständlich.«

Die Konditionierung, die uns unsere Mitmenschen angedeihen lassen, ist so weitreichend, daß wir uns sogar dann noch im Rahmen unserer Routinen bewegen, wenn überhaupt keine Notwendigkeit vorhanden ist.

»Du sorgst dich jeden Tag gegen Mittag um das Essen, und gegen sechs Uhr abends und gegen acht Uhr morgens. Du sorgst dich zu diesen Zeiten auch dann um das Essen, wenn du nicht hungrig bist. Ich brauchte nur meine Sirene zu blasen, um dein Routinedenken deutlich zu machen. Dein Denken ist darauf trainiert, nach einem Signal zu arbeiten.«

Durch diese Art des Denkens zwängen wir unser Leben ein. Wir verhindern jeden Spielraum für spontanes, ungebundenes Handeln. Wir beeinflussen unsere Gefühle und Empfindungen, ja sogar unsere intellektuellen Fähigkeiten und die Sinnesorgane, nach einem festgelegten Verhaltensmuster zu arbeiten.

»Ich spreche über die Jagd. Darum befasse ich mich mit dem, was die Tiere tun, mit ihren Futterplätzen, damit, wo, wie und wann sie schlafen, wo sie ihr Nest bauen, wie sie laufen. Das sind Routinegewohnheiten, die ich dir erkläre, damit du sie in deinem eigenen Wesen erkennst ... Wie ich dir schon sagte, verhältst du dich meiner Meinung nach wie deine Beute ... Wir alle verhalten uns wie die Beute, der wir nachstellen. Das macht uns natürlich auch zur Beute für jemand oder etwas anderes. Nun muß ein Jäger, der all dies weiß, sich darum bemühen, nicht mehr selbst Beute zu sein. Siehst du nun, was ich meine?«

Wir müssen unsere Routine unterbrechen, wenn es uns möglich werden soll, die »Zweite Aufmerksamkeit« zu aktivieren. Unser Denken und unsere Wahrnehmungen müssen aus der Fixierung, der wir erlegen sind, gelöst werden. Nur wenn es uns möglich wird, alle festgelegten Strukturen in uns selbst und im äußeren Leben fallenzulassen, erreichen wir die notwendige Freiheit, um dem Neuen, dem Unwahrscheinlichen und Nicht-Vorhersagbaren einen Platz in unserem Leben einzuräumen. Dies jedoch ist eine notwendige Voraussetzung, wenn wir zum »Wissen« gelangen wollen. Die »Elemente des Wissens« sind neu, unwahrscheinlich und nicht vorhersagbar. Wir können uns ihnen nur nähern, wenn wir uns öffnen, ohne festgelegte Erwartungen zu haben.

»Ein Jäger sein bedeutet nicht nur, das Wild in der Falle zu fangen. Ein Jäger, der sein Salz wert ist, fängt das Wild nicht deshalb, weil er seine Fallen aufstellt oder weil er die Routinen seiner Beute kennt, sondern weil er selbst keine Routine hat. Das ist sein Vorteil. Er ist ganz anders als die Tiere, denen er nachstellt, die an feste Gewohnheiten und berechenbare Routinetricks gebunden sind. Er ist frei, beweglich, unberechenbar.«

Erst wenn wir unsere Routine unterbrechen und uns öffnen für die Inhalte und Möglichkeiten, die in unserer Wirklichkeit nicht vorgesehen sind, erst dann haben wir die Grundlage für unser »Träumen« geschaffen.

Die Gangart der Kraft

Die Fortschritte auf dem »Weg zum Wissen« sind in besonderer Weise von unserer »Persönlichen Kraft« abhängig. Nur wenn wir diese »Kraft« in ausreichendem Maß gespeichert haben, ist es uns möglich, Theorie in Praxis umzusetzen und unser alltägliches Leben im Sinn des »Kriegers« zu führen.

Obwohl Don Juan die »Persönliche Kraft« in vielen Variationen beschreibt, erhalten wir kaum präzise Aussagen, worum es sich dabei tatsächlich handelt.

»Persönliche Kraft ist ein Gefühl. So etwas wie Glücklichsein. Oder man kann sie eine Stimmung nennen. Persönliche Kraft ist etwas, das man unabhängig von seiner Herkunft erwirbt.«

Wenn wir erkennen wollen, was Don Juan unter der »Persönlichen Kraft« wirklich versteht, dann müssen wir uns die jeweilige Situation ansehen, in der er diese »Kraft« zu vermitteln versucht. Immer sind es extreme Geschehnisse von rationaler Ausweglosigkeit, wenn Castaneda »Persönliche Kraft« gewinnen und speichern soll. Oft ist er verzweifelt und spürt sein Ende nahen. Jedesmal wird er derartig in die Enge getrieben, daß er zur Selbstaufgabe bereit wäre, würde er nicht zum Handeln gezwungen.

Auf das Handeln unter Ausschaltung unserer Vernunft,

134

auf das Handeln der Verzweiflung – darauf kommt es Don Juan offensichtlich an. In einem solchen Augenblick übernimmt unser »Körper« die Führung und die Kontrolle. Wir handeln jetzt intuitiv und öffnen uns damit den unbewußten Inhalten unseres Selbst. Die Ergebnisse solcher Handlungen sind oft erstaunlich und kaum erklärbar. Sobald wir uns von unseren unbewußten Kräften führen lassen, können wir Entscheidungen treffen und Handlungen vollbringen, für die wir eine intellektuelle Lösung nicht finden. Auch beim »Handeln ohne Erwartung« sind wir diesem Phänomen bereits begegnet.

Don Juans Begriff der »Persönlichen Kraft« bezieht sich also auf unser intuitives Handeln und Wissen. Wir besitzen diese »Kraft« in dem Umfang, wie wir uns ihres Vorhandenseins bewußt sind und willentlich auf sie zurückgreifen können. Zusammenfassend können wir sagen: Die »Persönliche Kraft« ist das Vertrauen auf die eigenen intuitiven Kräfte und Möglichkeiten. Dieses Vertrauen können wir jedoch nur dann gewinnen, wenn wir entsprechende Erfahrungen gesammelt haben. In diesem Sinn ist es durchaus korrekt, wenn Don Juan davon spricht, daß wir die »Persönliche Kraft« kontinuierlich entwickeln und speichern.

> »Wie ich dir schon sagte, ein Krieger ist ein Mann, der nach der Kraft jagt, und ich lehre dich, Kraft zu jagen und sie zu speichern. Wie uns allen fällt es dir schwer, dich überzeugen zu lassen. Du mußt glauben, daß man sich der ›Persönlichen Kraft‹ bedienen kann und daß es möglich ist, sie zu speichern; aber bisher bist du noch nicht überzeugt.«

Das intuitive Wissen und Handeln beruht auf dem Gefühl der Selbstvergessenheit und des Vertrauens. Wir müssen »es geschehen lassen«, wenn wir auf der Grundlage dieser Kräfte handeln und entscheiden wollen. Aus diesem Grund lehrt uns Don Juan die »Gangart der Kraft«. Hierbei handelt es sich um eine spezielle Art des Laufens, die es ermöglichen soll, bei stockfinsterer Nacht und in einem unbekannten, unwegsamen Gelände schnell und mühelos weite Strecken zurückzulegen, ohne dabei zu stolpern oder sich zu verletzen. Wie so häufig, haben die rein physischen Bedingungen jedoch, auch bei dieser Technik, keine wirkliche Bedeutung. Don Juan benutzt sie lediglich, um Castaneda von dem eigentlich entscheidenden Faktor abzulenken. Wichtig ist nämlich nicht, wie wir laufen, sondern mit welcher inneren Einstellung wir es tun. Don Juan gelingt es nun, seinen Schüler in einen Zustand äußerster Panik zu versetzen.

»In diesem Augenblick gewahrte ich etwas Grauenhaftes. Da war tatsächlich so etwas wie ein Tier zu meiner Linken, beinahe berührte es mich. Unwillkürlich machte ich einen Satz und schwenkte nach rechts. Die Angst raubte mir beinahe den Atem. Ich war so sehr von der Angst gepackt, daß ich keinerlei Gedanken im Kopf hatte, als ich durch die Dunkelheit raste. Meine Furcht schien ein körperliches Empfinden zu sein, das nichts mit meinem Denken zu tun hatte.«

Erst nachdem Castaneda das Denken eingestellt hat und sich dem Wissen seines »Körpers« überläßt, gelingt es ihm, in der totalen Finsternis zu laufen.

»Unerklärlicherweise bewegte ich mich mit erstaunlichem Selbstvertrauen. Soviel ich wußte, hatte ich nichts getan, was dieses Gefühl rechtfertigte, aber mein Körper schien die Dinge zu erkennen, ohne daß ich mir ihrer bewußt

wurde. Zum Beispiel konnte ich die zerklüfteten Fels-
blöcke auf meinem Weg nicht erkennen, aber meinem
Körper gelang es, stets auf die Kanten und nie in die
Spalten zu treten ...«

Ein solches Erlebnis kann dazu dienen, uns die unbewußten Kräfte und Fähigkeiten bewußt zu machen und so
das Vertrauen zu ihnen zu entwickeln. Selbstverständlich
steht uns unser intuitives Können grundsätzlich immer zur
Verfügung und nicht nur in extremen Situationen. Doch
solange wir uns in der normalen Alltagswelt befinden, grei-
fen wir nicht darauf zurück, weil unser Verstand uns daran
hindert.

Don Juan empfiehlt uns die »Gangart der Kraft« als ein
Hilfsmittel, um beim »Träumen« voranzukommen. Das
heißt jedoch nicht, daß wir tatsächlich im Dunkeln laufen
müssen. Wesentlich ist, daß wir immer und überall ein
Gespür dafür entwickeln, was unser »Körper« sagt und will.
Wir müssen ganz bewußt nach unserem intuitiven »Wissen«
suchen und es fördern. Wir müssen lernen, unsere Entscheidungen mit dem »Herzen« zu treffen und nicht ausschließlich mit unserem Verstand. Wenn wir unsere intuitiven Kräfte stärken, indem wir auf sie vertrauen, dann wächst auch
unsere Bereitschaft, sie zu gebrauchen, und auf diese Weise
speichern wir wiederum »Persönliche Kraft«.

»Wer nach Kraft jagt, der fängt sie und speichert sie als
seinen persönlichen Besitz. So nimmt die ›Persönliche
Kraft‹ zu, und es ist möglich, daß ein Krieger so viel
›Persönliche Kraft‹ hat, daß er ein Wissender wird.«

Das Nicht-Tun

»Ich werde dir von etwas sehr Einfachem erzählen, das aber sehr schwer auszuführen ist; ich will mit dir über das ›Nicht-Tun‹ sprechen, auch wenn ich weiß, daß darüber zu sprechen ein Ding der Unmöglichkeit ist . . .«

Die von Don Juan als »Nicht-Tun« bezeichnete Technik entzieht sich tatsächlich der unmittelbaren Beschreibung. Um uns eine Vorstellung davon zu verschaffen, was er darunter versteht, müssen wir den Begriff gegenüber all jenen Bereichen abgrenzen, auf die er nicht zutrifft. Wir erhalten so eine Art negativer Definition und damit einen Ansatzpunkt zum Verständnis.

Zu diesem Zweck kehren wir noch einmal zurück zu den Prämissen der »Zauberei«. Wie wir wissen, basiert Don Juans Lehre auf der Vorstellung, daß es sich bei unserer Wirklichkeit um eine Imagination handelt. Wir schaffen diese Imagination durch die Struktur unseres Denkens und als ein Resultat der Wirklichkeitsbeschreibung, die wir von unseren Mitmenschen erhalten haben. Diesen unbewußten Prozeß, bei dem wir unsere Wahrnehmungen manipulieren, um sie mit der Wirklichkeit in Übereinstimmung zu bringen, bezeichnet Don Juan als »Tun«.

»Dieser Stein hier wird durch ›Tun‹ zum Stein . . . ›Tun‹ ist das, was den Stein zu einem Stein . . . macht. ›Tun‹ ist das, was dich zu dir selbst und mich zu mir selbst macht . . . Dieser Stein ist ein Stein durch all das, was du in bezug auf ihn zu ›tun‹ weißt . . . Die Welt ist die Welt, weil du weißt, welches ›Tun‹ erforderlich ist, sie dazu machen. Würdest du sie nicht durch ›Tun‹ zu dem machen, was sie ist, dann wäre die Welt anders.«

Don Juan sieht den Interpretationsvorgang, mit dem wir die Welt zur Wirklichkeit manipulieren, als eine zwar unbewußte, aber dennoch aktive Handlung. Die besondere Bedingung dieser Handlung ist die Permanenz, mit der wir sie ausführen. Um unsere Wirklichkeit aufrecht zu erhalten, ist ein ununterbrochenes »Tun« erforderlich. Wenn wir es uns erlauben, diese Aktivität auch nur zeitweise einzustellen, dann ist die Kontinuität unserer Welt gefährdet. So ist es nicht überraschend, daß wir sogar dann auf unser »Tun« nicht verzichten, wenn wir ein bestimmtes Element aus der Wirklichkeit entfernen wollen. Ein Beispiel soll dies verdeutlichen:

Wenn wir vor die Situation gestellt sind, einen auf unsere Fahrbahn gestürzten Felsbrocken, der uns an der Weiterfahrt hindert, zu beseitigen, dann kommen wir nicht auf die Idee, unsere schöpferische Aktivität hinsichtlich dieses Felsens einfach einzustellen und so das Problem ursächlich zu beheben. Sondern wir benutzen neues und weiteres »Tun«, um ihn mittels Werkzeugen und Geräten zu zerkleinern und aus dem Weg zu schaffen. Dieses neue »Tun« unterscheidet sich qualitativ nicht von dem aktiven Vorgang, mit dem wir den Felsbrocken erschaffen haben. Da es sich jedoch gegen unsere eigene Imagination richtet, können wir es als ein »Gegen-Tun« bezeichnen. Natürlich vergeuden wir damit unsere Energie. Einfacher wäre es, wenn wir aufhören würden zu »Tun«, denn dann würde unser Felsen verschwinden. Dieses »Aufhören zu Tun« bezeichnet Don Juan als »Nicht-Tun«.

»Ein Wissender zum Beispiel weiß, daß der Stein nur durch das ›Tun‹ ein Stein ist; wenn er also nicht will, daß der Stein ein Stein ist, dann braucht er bloß zum ›Nicht-Tun‹ überzugehen.«

Es ist interessant, daß auch andere Lehrsysteme, die sich sonst in wesentlichen Ansätzen und Bedingungen von Don Juan unterscheiden, bezüglich dessen, was er über das »Tun« und »Nicht-Tun« zu sagen weiß, vollkommen mit ihm übereinstimmen. So spricht beispielsweise der Amerikaner L. Ron Hubbard von einem Prozeß des »Erschaffen – Gegen-Erschaffen – Nicht-Erschaffen«. Diesen Begriffen liegen inhaltlich identische Erklärungen zugrunde, wie Don Juan sie gegenüber Castaneda zur Verdeutlichung von »Tun« und »Nicht-Tun« verwendet.

Nachdem wir uns nun Klarheit darüber verschafft haben, was Don Juan unter dem »Nicht-Tun« versteht, erkennen wir auch, daß wir keine Möglichkeit haben, diese Technik auf direktem Wege anzuwenden. Solange wir unseren »Inneren Dialog« aufrechterhalten, erschaffen wir die Wirklichkeit: Wir »Tun«. Erst wenn wir es gelernt haben, die Gedanken zu stoppen und damit den Manipulationsprozeß zu beenden, verändert sich unsere Welt. Dennoch haben wir die Möglichkeit, das »Nicht-Tun« auf eine spezielle Weise zu üben und uns auf die Realität vorzubereiten.

»Der Schlüssel zur Kraft liegt darin, nicht zu tun, was dir vertraut ist. Wenn du einen Baum ansiehst, so bist du gewohnt, den Blick sofort auf das Laub zu richten. Die Schatten der Blätter oder die Zwischenräume zwischen den Blättern übersiehst du. Beginne damit, dich auf die Schatten der Blätter eines einzigen Zweiges zu konzentrieren, und arbeite dich allmählich weiter, bis du den ganzen Baum im Auge hast, lasse jedoch den Blick nicht zu den Blättern zurückkehren.«

»Nicht-Tun« im Sinne von »nicht zu tun, was uns vertraut ist«, das ist die Technik, die Don Juan als Vorbereitung empfiehlt. Ganz gezielt sollen wir unsere Wahrnehmungen verändern.

»Sieh dir den Schatten dieses Felsens an. Der Schatten ist der Felsen, und doch ist er es nicht. Wenn man den Felsen ansieht, um zu wissen, was der Felsen ist, so ist das ›Tun‹. Aber wenn man seinen Schatten ansieht, so ist das ›Nicht-Tun‹.«

Wenn wir uns bemühen, die Welt anders wahrzunehmen, als wir es üblicherweise tun, dann verändert sich die Welt für uns.

»Vielleicht lag es an der Müdigkeit oder an meiner nervösen Erregung, jedenfalls versenkte ich mich so tief in die Schatten der Bäume, daß ich, als Don Juan aufstand, die dunklen Flecke der Schatten beinahe ebenso gut gruppieren konnte, wie ich üblicherweise das Blattwerk gruppiere. Die Wirkung war überraschend.«

Ein anderes Mal, bei der genauen Beobachtung eines Schattens auf felsigem Grund, ist das Ergebnis für Castaneda noch erstaunlicher.

»In diesem Augenblick war mir, als sähe ich aus unermeßlicher Höhe auf eine Welt hinab, die ich noch nie erblickt hatte. Auch bemerkte ich, daß ich den Blick über die Umgebung des Schattens gleiten lassen konnte, ohne den Brennpunkt meines Gesichtskreises zu verlieren. Dann war mir für einen Augenblick nicht mehr bewußt, daß ich einen Stein ansah. Mir war, als landete ich in einer Welt, die jenseits alles Vertrauten und Vorstellbaren lag.«

Neben der gezielten Wahrnehmungsbeeinflussung empfiehlt uns Don Juan, das »Nicht-Tun« auch auf andere
Bereiche unseres Lebens anzuwenden.

»Wenn man glaubt, daß Schatten nichts als Schatten sind,
so ist das ›Tun‹. Dieser Glaube ist töricht. Stell es dir
folgendermaßen vor: Mit allen Dingen der Welt hat es so
viel mehr auf sich, daß es auch mit den Schatten mehr auf
sich haben muß. Was sie zu Schatten macht, ist ja lediglich unser ›Tun‹.«

In diesem Sinn ist es auch eine Handlung des »Nicht-
Tuns«, wenn wir uns den Meinungen und Anschauungen
öffnen, die unseren eigenen Standpunkten entgegenstehen.
Und es ist »Nicht-Tun«, wenn wir die törichte Sicherheit
aufgeben, mit der wir unsere Ansichten von Wahrheit und
Wirklichkeit verteidigen.

»Genau das ist ja der Vorsprung, den ein Krieger gegenüber dem Durchschnittsmenschen hat. Ein Durch-
schnittsmensch sorgt sich darum, ob die Dinge wahr oder
falsch sind, ein Krieger aber tut das nicht. Der Durch-
schnittsmensch verhält sich in einer bestimmten Weise zu
den Dingen, von denen er weiß, daß sie nicht wahr sind.
Wenn die Dinge als wahr gelten, dann handelt er und
glaubt an das, was er tut. Aber wenn die Dinge als
unwahr gelten, dann macht er sich nicht die Mühe zu
handeln, oder er glaubt nicht an das, was er tut. Ein
Krieger hingegen handelt in beiden Fällen. Wenn die Dinge als wahr gelten, dann handelt er, um zu ›tun‹. Wenn
die Dinge als unwahr gelten, dann handelt er trotzdem,
um ›nicht zu tun‹.

Jede bewußte Handlung, die im Gegensatz zum normalen, wirklichkeitskonformen Verhalten steht, ist eine Übung
im »Nicht-Tun«.

Das »Träumen«, zu dessen Unterstützung uns Don Juan
die Technik gegeben hat, bezeichnet er auch als das »Nicht-
Tun des Schlafens«. Wir müssen diese Aussage in ihrer ganzen Bedeutung verstehen. Solange wir der Vorstellung ver-
haftet bleiben, daß das Schlafen ein normalerweise bewußtloser Zustand sei, so lange »Tun« wir. Das heißt, wir
erschaffen eine Wirklichkeit im Sinne der Beschreibung, die
wir erhalten haben. Denn gemäß dieser Beschreibung ist das
Schlafen tatsächlich ein bewußtloser Zustand. Wenn wir
uns nun darum bemühen, unsere Bewußtheit in den Schlaf
hinüberzunehmen, ohne zuvor diese Vorstellung aufgegeben zu haben, dann kämpfen wir gegen unsere eigene Imagination. Das wäre »Gegen-Tun« und kann nicht wirklich
zum Erfolg führen.

»Nicht-Tun des Schlafens« bedeutet also in erster Linie,
unser eigenes Postulat von der Bewußtlosigkeit während
des Schlafens aufzugeben. Es kommt darauf an, daß wir
einfach hinnehmen, daß man auch während des Schlafens
bei Bewußtsein bleiben kann. Wenn es uns gelingt, diese
Tatsache nicht nur als eine allgemeine Wahrheit, sondern in
Form einer persönlichen Möglichkeit zu akzeptieren, dann
haben wir das entscheidende Hindernis für unseren Erfolg
beim »Träumen« aus dem Weg geräumt.

»Du machst dir zuviel Sorgen darüber, ob du die Leute liebst oder ob sie dich lieben. Ein Wissender liebt, das ist alles. Er liebt, was er will und wen er will, aber seine kontrollierte Torheit hilft ihm, sich keine Sorgen darüber zu machen. Also im Gegensatz zu dem, was du tust. Die Menschen zu lieben oder von ihnen geliebt zu werden, ist für einen Mann nicht das einzige, was er tun kann.«

Don Juan

Das Pirschen

Zum Abschluß seiner Unterweisungen lehrt uns Don Juan das »Pirschen«. Er gibt uns hiermit einen übergreifenden und zusammenfassenden Rahmen für unser weiteres Verhalten auf dem »Weg zum Wissen«. Jetzt, nachdem wir in das Leben als »Jäger« und »Krieger« eingewiesen sind und alle notwendigen Techniken zur Überwindung der Wirklichkeit erhalten haben, ist es einzig und allein eine Frage unserer Stetigkeit und Kompromißlosigkeit, ob wir unser Ziel erreichen. Das »Pirschen« soll uns dabei helfen, den einmal eingeschlagenen Weg mit der notwendigen Konsequenz fortzusetzen, ohne dabei auf eine permanente Hilfe von außen angewiesen zu sein. Wir sollen mit seiner Hilfe die »Menschliche Form« verlieren und so unsere natürliche Einheit und die »Vollständigkeit unseres Selbst« herstellen und sichern.

Die sieben Prinzipien des Pirschens

Als eine Zusammenfassung der wesentlichen Lebensgrundsätze des »Zauberers«, der sich auf dem »Weg zum Wissen« befindet, nennt uns Don Juan die sieben Prinzipien des Pirschens. Sie lauten:

1. Prinzip: Der Krieger wählt sein Schlachtfeld selbst. Er zieht nie in die Schlacht, ohne zu wissen, wie das Gelände beschaffen ist.
2. Prinzip: Der Krieger läßt alles Unnötige beiseite. Er beschränkt sich immer auf das Wesentliche.
3. Prinzip: Der Krieger ist willig und bereit, hier und jetzt sein letztes Gefecht auszukämpfen. Für ihn ist jede Schlacht ein Kampf ums Leben.
4. Prinzip: Der Krieger ist entspannt und locker, er fürchtet nichts. Und so ebnet ihm die Kraft, die ihn leitet, den Weg.
5. Prinzip: Der Krieger zieht sich für eine Weile zurück, wenn er auf Widrigkeiten stößt, mit denen er nicht umzugehen weiß. Er beschäftigt sich mit etwas anderem.
6. Prinzip: Der Krieger verdichtet seine Zeit. Dabei zählt sogar ein Augenblick. Er hat vor zu siegen, darum vergeudet er keine Sekunde.
7. Prinzip: Der Krieger stellt sich nie in den Vordergrund. Er hat seine Wichtigkeit aufgegeben und läßt anderen den Vortritt.

Bei genauer Betrachtung der Prinzipien stellen wir fest, daß uns deren Inhalte bekannt sind. Don Juan hat uns bereits im Rahmen unserer Einführung in die Lebensweise des »Kriegers« mit diesen Gedanken vertraut gemacht. Mit der zusammenfassenden Darstellung gibt er uns jedoch die Möglichkeit, die wesentlichen Aussagen seiner Lehre, soweit sie sich auf unser alltägliches Verhalten beziehen, jederzeit zu rekapitulieren, und er fördert damit ihre Präsenz. Zur Vervollständigung des Gesamtbilds, das wir so erhalten, müssen wir den genannten Grundsätzen jedoch einen weiteren hinzufügen: die »Kontrollierte Torheit«. Die »Kontrollierte Torheit«, die wir bereits an anderer Stelle ausführlich betrachtet haben, ist die Grundlage unseres Handelns im Alltag. Sie allein befähigt uns, ein mehr oder weniger »normales« Leben zu führen und den Kontakt zu unseren Mitmenschen uneingeschränkt aufrechtzuerhalten.

Makellos handeln

Don Juan spricht von der Notwendigkeit des »Makellosen Handelns«, und er meint damit das kompromißlose und stetige Bemühen des »Kriegers«, sein Leben in allen Einzelheiten nach den von ihm akzeptierten Grundsätzen auszurichten. Nachdem wir uns von der Notwendigkeit überzeugt haben, die »Vollständigkeit unseres Selbst« zu erreichen, und nachdem wir uns ernsthaft für den »Weg zum Wissen« entschieden haben, gibt es für uns nur eine einzige Alternative zum »makellosen Leben und Handeln«: Wir können »uns gehen lassen«. Wenn wir »uns gehen lassen«, dann erreichen wir nichts, wenn wir »makellos handeln«, dann haben wir die Chance, ein »Wissender« zu werden. Es gibt für uns keine Möglichkeit zu einem Kompromiß zwischen diesen beiden Polen. Jedes Tun, das nicht den Anspruch der »Makellosigkeit« vollständig erfüllt – ist eine Handlung des »Sichgehenlassens«.

Für Don Juan ist der »Weg zum Wissen« ein absolut

kompromißloses Unternehmen, in dem es keinen Platz gibt
für persönliche Schwächen und Gewohnheiten. Aus diesem
Grund bedeutet das »Pirschen« für ihn in erster Linie auch,
ein »Makelloses Leben« zu führen. Wir müssen unser Ziel,
die »Vollständigkeit des Selbst«, anpirschen, um es erreichen
zu können. Und in diesem Sinn wird unser »Makelloses
Handeln« auf dem weiteren Weg zu einem Schlüssel für
unseren Erfolg. Dadurch, daß wir uns mit großer Ausdauer
und Intensität um ein korrektes Verhalten als »Krieger«
bemühen, verlieren wir schließlich unsere »Menschliche
Form«.

»(Don Juan) hat jedem von ihnen gesagt, daß Krieger –
egal ob Männer oder Frauen – makellos sein müssen in
ihrem Bemühen, sich zu ändern, um die menschliche
Form zu schrecken und um sie abzuschütteln. Nach Jahren des makellosen Lebens, so sagte (Don Juan), erreicht
man einen Punkt, wo die Form es nicht länger aushält
und einen verläßt, genau wie sie mich verlassen hat.«

Wie wir bereits gesehen haben, bedeutet der Verlust der
»Menschlichen Form« das Ablegen unseres alten herkömmlichen Wesens. Wir befreien uns von allen Verhaftungen
und Konditionierungen und werden zu einem neuen, freien
Menschen. Und dies ist eine Voraussetzung, die wir erfüllen
müssen, um unsere »Vollständigkeit« zurückzuerlangen.

Die vollständige Rekapitulation

Während das »Pirschen« in der bisher betrachteten Weise
nach außen, auf unsere Lebenseinstellung und Handlungs-
weise im Alltag gerichtet war, zielt es mit einem zweiten,

nach innen gerichteten Aspekt auf die Herstellung der Makellosigkeit in uns selbst. Hierzu gibt uns Don Juan die Technik der »Vollständigen Rekapitulation«. Sie soll uns befreien von unseren psychischen Verkrampfungen und Determinationen.

Bereits im Rahmen unserer Überlegungen zum »Auslöschen der Persönlichen Geschichte« haben wir die Notwendigkeit erkannt, unsere Vergangenheit systematisch nach Erlebnissen und Situationen zu durchforsten, die unser heutiges Denken und Handeln beeinflussen, weil sie Macht über uns haben. Gemeint sind solche Geschehnisse, die wir niemals vollständig verarbeitet und damit endgültig erledigt haben. Die »Vollständige Rekapitulation« geht über die punktuelle Beschäftigung mit der Vergangenheit jedoch hinaus. Sie fordert das lückenlose Erinnern und Wiedererleben des gesamten bisherigen Lebens.

In einem Zustand der tiefen Entspannung sollen wir unser Leben in allen Einzelheiten vor unserem geistigen Auge passieren lassen. Es ist wichtig, daß wir uns hierbei so intensiv in die Vergangenheit und in die eigenen seelischen Tiefen hineinbegeben, daß es zu einem Prozeß des regelrechten »Wiedererlebens« der vergangenen Geschehnisse kommt.

Ein solches Verfahren ist in der psychoanalytischen Praxis wie auch im Bereich sogenannter »Spiritueller Therapien« unter der Bezeichnung »Rückführung« oder »Regression« bekannt. Wenn wir den »Erinnerungsprozeß« selbständig durchführen wollen, dann bedarf es einigen Übens, um das notwendige Maß der Entspannung bei gleichzeitig ausreichender Intensität beim Zurückrufen der Vergangenheit zu erreichen. Richtig ausgeführt bietet uns die »Vollständige Rekapitulation« jedoch die Möglichkeit, uns so intensiv mit allen gespeicherten und ins Unterbewußtsein verdrängten

Inhalten auseinanderzusetzen, daß wir uns von den festlegenden und uns behindernden Einflüssen der Vergangenheit endgültig befreien. Wir erreichen einen Zustand der seelischen Freiheit, der es uns möglich macht, loszulassen von allen alten Strukturen und Verhaltensweisen. Und genau dies wiederum ist erforderlich, um die »Menschliche Form« zu verlieren.

Mit der »Vollständigen Rekapitulation« arbeiten wir somit in die gleiche Richtung wie mit unserem »Makellosen Handeln«. Beide Techniken sollen uns auf unserem persönlichen Weg so lange begleiten, bis wir unser ursprüngliches, natürliches Sein wiedererlangt haben und dann mit gutem Recht als ein »Neuer Mensch« bezeichnet werden können. Wir sind dann »Formlose Zauberer«, und als solche machen wir uns auf die Suche nach dem »Spalt zwischen den Welten«, um diese Wirklichkeit für immer zu verlassen.

Strukturelle Übersicht

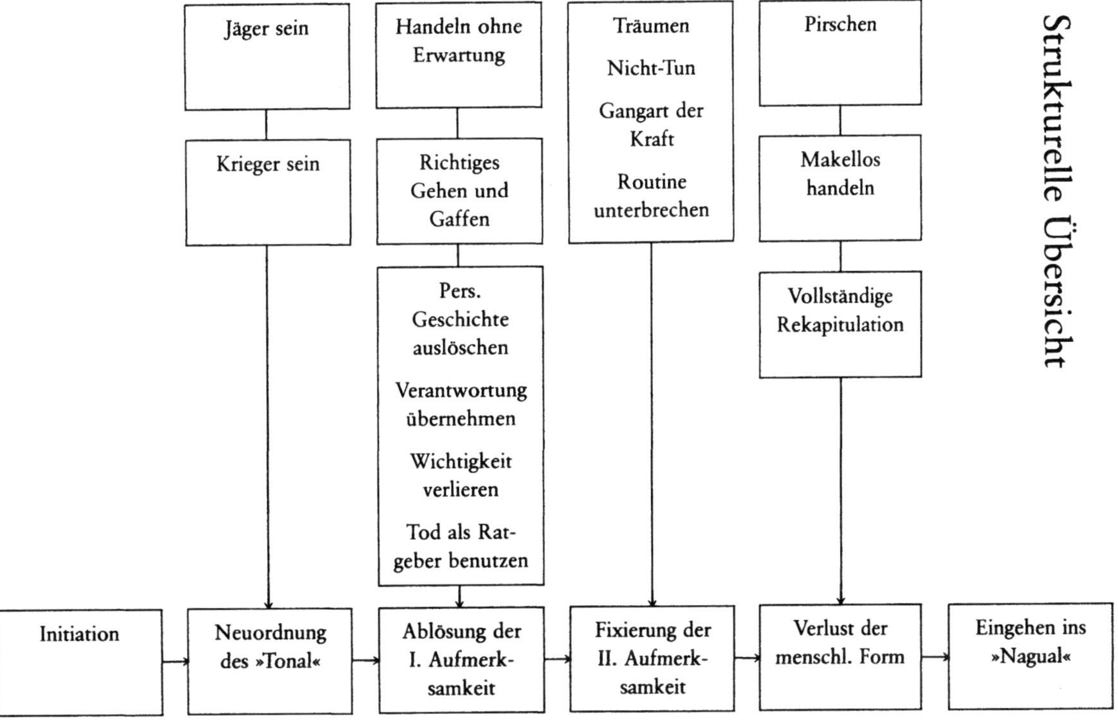

Kapitel IV

Besondere Fragen

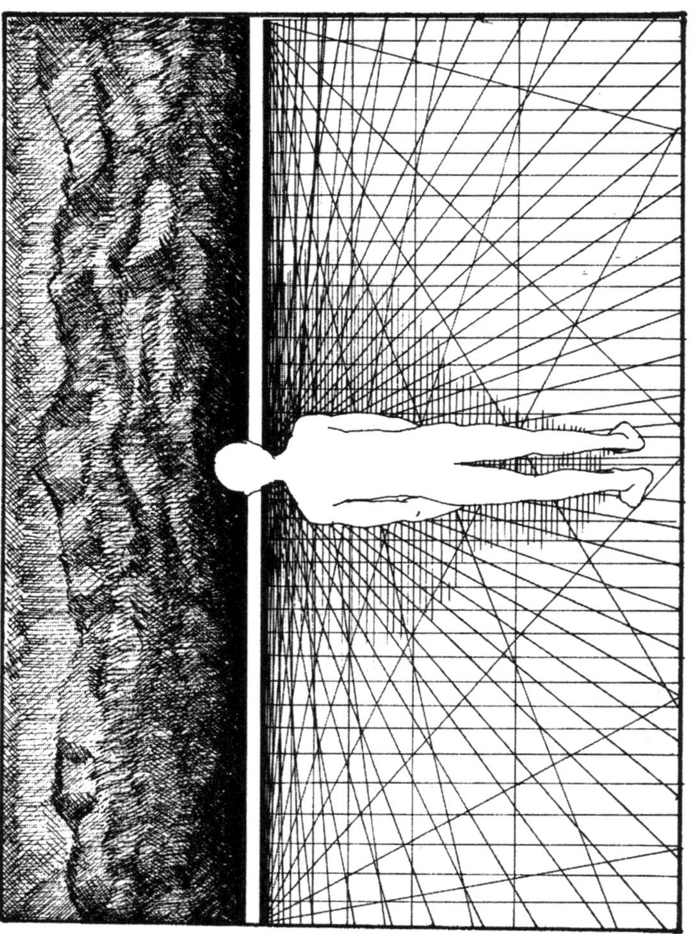

»Die Fallgeschichte meiner Lehrzeit habe ich bereits in zwei Büchern dargestellt: *The Teachings of Don Juan* und *A Separate Reality*. In beiden Büchern ging ich von der Grundannahme aus, daß es, wenn man lernte, ein Zauberer zu sein, hauptsächlich auf die durch Einnahme psychotroper Pflanzen hervorgerufenen Zustände einer anderen Realität ankäme... Diese Annahme war falsch.«
Carlos Castaneda

Die Bedeutung der Drogen

Wir haben in den vorangegangenen Kapiteln alle wesentlichen Teile der Lehren des Don Juan unter theoretischen und praktischen Aspekten ausführlich betrachtet, ohne dabei ein einziges Mal auf die umfangreichen und beeindruckenden Drogenerlebnisse einzugehen, von denen Castaneda berichtet. Dies mag den Leser, sofern er mit den Werken Castanedas vertraut ist, überraschen und vielleicht sogar enttäuschen. Sind es doch gerade die besonders lebhaften und farbigen Berichte über seine Drogenerfahrungen, mit denen er uns in seinen ersten Büchern in die »andere Wirklichkeit« Don Juans einführt.

Tatsächlich haben die Drogen mit unserem »Weg zum Wissen« jedoch sehr wenig oder nichts zu tun. Auch Castaneda hat dies im Laufe seiner Ausbildung erkannt; allerdings benötigte er dazu einen Zeitraum von annähernd zehn Jahren. Bei dieser Zeitspanne handelt es sich gleichzeitig um den ersten seiner insgesamt drei Lernzyklen.

Am Anfang seiner Ausbildung, die im Jahr 1961 beginnt, erlebt er die »Zauberei« Don Juans im wesentlichen als eine Praxis gezielter Bewußtseinsmanipulationen, hervorgerufen durch die Einnahme halluzinogener Drogen. Erst im Jahr 1971 revidiert er seine Einstellung vollständig.

Im nun folgenden zweiten Lernabschnitt überprüft er alle bisherigen Denkansätze und Aussagen. Er erkennt jetzt, daß es sich bei Don Juans Lehrsystem um einen sehr pragmatischen und handlungsorientierten Weg handelt. Die Veränderungen im Wirklichkeitserleben der Beteiligten sollen nicht durch Drogen, sondern durch eine radikale Veränderung der individuellen Persönlichkeits- und Bewußtseinsstruktur herbeigeführt werden.

Die wirklichen Dimensionen und die wahren Hintergründe des spirituellen Systems, das Don Juan ihn lehrt, werden ihm allerdings erst im Verlauf des dritten Teils seiner Lehrzeit, etwa ab 1973, bewußt. Es gelingt ihm jetzt, seinen »Inneren Dialog« abzuschalten und mit dem »Nagual« in Kontakt zu treten.

Wenn wir die drei Lernzyklen Castanedas näher betrachten, dann stellen wir fest, daß die eigentliche esoterische Ausbildung erst mit seinem Eintritt in den zweiten Lernabschnitt beginnt. Die lange Zeit der Drogenexperimente war für ihn lediglich eine Art persönlicher Vorbereitung für den »Weg zum Wissen«. All die Informationen, die er über seine Erfahrungen während dieser Zeit veröffentlicht hat, besitzen für uns nur eine begrenzte Bedeutung. Trotzdem wäre es falsch, auf die Betrachtung seiner Drogenerlebnisse vollkommen zu verzichten. Wenn wir ein vollständiges Bild von Don Juans Lehre gewinnen wollen und wenn es uns gelingen soll, Castanedas persönliche Entwicklung aus ihren Anfängen heraus nachzuvollziehen, dann müssen wir uns auch mit der Bedeutung der Drogen beschäftigen. Und hierzu ist es notwendig, daß wir noch einmal auf die Prämisse der »Zauberei« zurückgreifen.

Der Ausgangspunkt in Don Juans Lehrsystem und die wesentliche Grundlage all seines Tuns ist die Zweiteilung unserer Welt in die beiden Bereiche »Realität« und »Wirklichkeit«. Auf die Subjektivität unserer Wirklichkeit als eine selbsterzeugte Imagination und auf die Unzugänglichkeit der Realität sind wir bereits mehrfach ausführlich eingegangen. Wir haben im weiteren gesehen, daß die Kenntnis der vorhandenen Zweiteilung in »Tonal« und »Nagual« und das grundsätzliche Akzeptieren dieser Tatsache eine wesentliche Voraussetzung dafür ist, den »Weg zum Wissen« gehen zu können. Ohne das Wissen um diese Gegebenheiten fehlt es dem einzelnen an Mut, an Entschlußkraft und vor allen Dingen an der Einsicht in die Notwendigkeit, sich auf etwas so Irrationales wie die »Zauberei« ernsthaft einzulassen. Auf dieser Grundlage erkannten wir auch die Notwendigkeit einer persönlichen Initiation als Prämisse und als ersten Schritt auf dem Weg zur »Ganzheit unseres Selbst«.

All diese Überlegungen gelten natürlich auch für Carlos Castaneda. Auch er bedurfte der persönlichen Initiation als Voraussetzung für seinen Eintritt in das Lehrsystem Don Juans. Castaneda erwies sich jedoch als ein sehr schwieriger Fall. Aufgrund seiner übermäßigen Neigung, rationale Erklärungen für die »Zauberei« Don Juans zu suchen und zu konstruieren und wegen seiner panischen Angst, sein naturwissenschaftliches Weltbild zu verlieren, war er nicht in der Lage, die Realität zu sehen, die Don Juan ihm zeigte. Und wenn er sie dennoch ab und an gewahr wurde, dann interpretierte er das metaphysische Geschehen so lange in der ihm bekannten Art und Weise, bis es auf das Niveau der Wirklichkeit geschrumpft war.

Vor diese Situation gestellt, mußte Don Juan einen massiven »Trick« anwenden, um Castaneda »anzuhalten« und ihn für die Realität zu öffnen. Als Hilfsmittel zur Bewältigung dieser Aufgabe benutzte er Drogen.

Die Wirkungsweise halluzinogener Drogen auf unseren Organismus und auf unser Bewußtsein ist komplex und vielschichtig. Zum grundsätzlichen Verständnis mag es jedoch genügen, wenn wir uns bei der Betrachtung auf den Vorgang beschränken, der für die dabei auftretende Bewußtseinsveränderung unmittelbar verantwortlich ist. Wenn wir psychotrope Pflanzen oder andere, ähnlich wirkende Mittel benutzen, dann führen wir unserem Körper Stoffe zu, die einen direkten Einfluß auf unser Nervensystem nehmen. Aufgrund bestimmter, biologisch-chemischer Prozesse kommt es zu einer Veränderung in unserem Reizleitungssystem mit dem Ergebnis, daß dort »Schaltungen« und »Verbindungen« geschaffen oder intensiviert werden, die im »normalen« Zustand nicht oder nicht in dieser Form vorhanden sind. Das Resultat ist eine Veränderung unserer Reiz- und Informationsverarbeitung. Im Fall der Einnahme halluzinogener Drogen kommt eine Erweiterung und Intensivierung der Reiz- und Informationsaufnahme hinzu.

In das Lehrsystem Don Juans übertragen haben diese Mittel somit einen ähnlichen Effekt wie das Anhalten des »Inneren Dialogs«. Durch die dabei auftretende, komplexe Reizüberflutung des Verstands und durch die unbekannte und ungewohnte Reizverarbeitung kommt es zu einem teilweisen oder vollständigen »Zusammenbruch« unserer gewohnten Denkvorgänge – und damit gleichzeitig zu einer Lösung unserer »Ersten Aufmerksamkeit«. Und genau dies sind die notwendigen Voraussetzungen, damit wir uns unserer Wahrnehmungen aus der »Zweiten Aufmerksamkeit« bewußt werden können. Die halluzinogenen Drogen bieten uns also die Möglichkeit, unsere »Aufmerksamkeit« künstlich zu beeinflussen und in Kontakt mit dem »Nagual« zu treten. Jedoch handelt es sich dabei um einen grundsätzlich ungerichteten Prozeß, der nur in sehr begrenztem Maß unserem Willen und unserer Einflußnahme unterliegt.

Durch den Gebrauch psychotroper Pflanzen nimmt Don Juan somit einen massiven Einfluß auf die Wirklichkeitsverhaftung Castanedas. Dadurch, daß er den Umgang mit seinen »Kraftpflanzen« ritualisiert und bei jeder Anwendung eine beeindruckende Rahmenzeremonie schafft, versucht er, den Erlebnissen seines Schülers eine Richtung zu geben, um ihn so zu ganz bestimmten metaphysischen Erfahrungen zu führen.

Erst nach langwierigen Bemühungen und erst nachdem Castaneda unter dem Einfluß der Drogen so beeindruckende Erfahrungen gesammelt hat, daß sein bisheriges Weltbild in den Grundfesten erschüttert ist, gelingt es Don Juan schließlich, ihn von der realen Existenz des »Nagual« zu überzeugen. Erst jetzt ist Castaneda auch bereit und in der Lage, Don Juans Lehre zu akzeptieren und sich in das System der »Zauberei« einzufügen.

Von dieser persönlichen Initiation bis zum wirklichen Verständnis der Lehre muß er jedoch noch einmal einen weiten Weg zurücklegen. Aufgrund seiner persönlichen Erfahrungen erliegt er jetzt der Täuschung, daß die psychotropen Pflanzen das eigentliche und wesentliche Hilfsmittel seien, um mit dem »Naugal« in Kontakt zu treten. Er benötigt viele Jahre des intensiven Lernens, bis er versteht, daß die Handhabung der »Zweiten Aufmerksamkeit« eine natürliche Fähigkeit des Menschen ist, die er auch ohne künstliche Hilfsmittel entwickeln kann.

Für Castaneda jedoch war die Einnahme der Drogen eine Notwendigkeit, um ihn aus seiner übermäßigen Intellektualität und aus der Fixierung auf das naturwissenschaftliche Weltbild zu befreien. In diesem Sinn benutzt Don Juan sie als ein Hilfsmittel zur Durchführung der Initiation, weil er keine andere Chance sieht, seinen Schüler für die Realität zu öffnen. Er weist mehrfach und ausdrücklich auf diesen Umstand hin und rechtfertigt sein Vorgehen mit der mangelnden Sensibilität Castanedas für jede andere Form der Einflußnahme. Seine grundsätzliche Haltung gegenüber derartigen Bewußtseinsmanipulationen ist eher negativ. Er versteht sie als einen massiven Eingriff in die körperlich geistige Harmonie des Menschen und schreibt ihnen eine schwächende, den Körper schädigende Wirkung zu.

Wir tun somit gut daran, aus den Erfahrungen Castanedas und aus seinen späteren Einsichten zu lernen und auf die Anwendung von Drogen zu verzichten. Für unseren »Weg zum Wissen« sind sie nicht erforderlich, und der eventuelle Nutzen steht in keinem Verhältnis zu den Gefahren, die damit verbunden sind.

»Wir sind Krieger, und Krieger haben nur eines im Sinn – ihre Freiheit. Zu
sterben und vom Adler gefressen zu werden, das ist keine Herausforderung.
Doch dem Adler zu entgehen und frei zu sein, das ist die äußerste Kühn-
heit.«   Florinda, »Zauberin«

Der Adler

»Die Kraft, die das Schicksal aller Lebewesen regiert,
heißt der *Adler,* nicht weil sie ein Adler wäre oder irgend
etwas mit einem Adler zu tun hätte, sondern weil sie dem
Sehenden, der sie sieht, als ein unermeßlich großer, jet-
schwarzer Adler erscheint, aufrecht stehend, wie ein
Adler steht, und bis in die Unendlichkeit aufragend.«

Mit diesem Satz beginnt für Carlos Castaneda die Offenbarung der *Regel.* Die Regel, das ist ein umfangreiches und
komplexes System von Glaubenssätzen und Handlungsma-
ximen, die das Leben desjenigen, der sich auf sie einläßt, bis
in jede Kleinigkeit bestimmen. Wir können sie auch als
einen Mythos betrachten, und es ist die Aufgabe des Kriegers, diesen Mythos mit Leben zu erfüllen.
Ähnlich einer religiösen Offenbarung erklärt uns die
Regel die Ursache und das Ziel unserer Existenz und gibt
uns das Wissen um die Möglichkeiten und den Weg der
persönlichen Befreiung. Und doch ist sie nicht »Religion«
im uns bekannten Sinn. Im Gegensatz zu unseren Glaubens-

lehren vermittelt sie uns nur die Kenntnis der metaphysischen Gesetzmäßigkeiten von Leben und Tod, sie überläßt es uns, was wir daraus machen.

Die Regel besagt, daß der Adler als die schicksalsentscheidende und leitende Kraft aller lebenden Wesen alle diese Wesen gleichzeitig und zugleich widerspiegelt. Er ist die Ursache und der Grund unseres Seins, und er verleiht uns Bewußtheit; das ist die Substanz, aus der er besteht. Unser geliehenes Bewußtsein fällt an den Adler zurück, wenn wir sterben, denn Bewußtheit ist auch die Speise des Adlers. Doch diesem endgültigen Tod können wir entgehen. Und dazu verhilft uns die Regel, wenn wir sie als »Landkarte« benutzen und den »Durchlaß« finden, der am Adler vorbei in die Freiheit führt.

Als Castaneda von der Regel erfährt, da hat er seinen ursprünglichen Eindruck vom Lehrsystem Don Juans bereits mehrfach revidiert. Lange Zeit hat er geglaubt, daß es sich bei der »Zauberei« um eine auf wenige Personen beschränkte »Kunst« handelt, die diese von einem persönlichen Lehrer erlernt haben und die sie ebenso individuell weitergeben. Obwohl diese Annahme nicht grundsätzlich falsch ist, so hatte er doch übersehen, daß die »Zauberer« untereinander Kontakt halten und daß sie Mitglieder einer festgefügten Gemeinschaft sind. Erst nachdem Don Juan sich endgültig von ihm getrennt hat und er auch zu anderen »Zauberern« Kontakt bekommt, erhält er eine umfassende Kenntnis von der Welt seines Lehrmeisters.

In vollkommener Übereinstimmung mit den Bedingungen der Regel umfaßt Don Juans Kriegertrupp sechzehn Personen, die gemäß einer strengen Ordnung in kleinen Gruppen zusammenleben. Jedes Mitglied ist ein »Makelloser Zauberer« und hat eine bestimmte Aufgabe im Rahmen der Gemeinschaft zu erfüllen. Zusammen bemühen sie sich darum, den »Spalt zwischen den Welten« zu finden, um am Adler vorbei in die Freiheit einzugehen. Es ist eine Vorschrift der Regel, daß ein »Krieger« diese Welt erst dann verlassen darf, wenn er die Kontinuität in der endlosen Kette zwischen den Welten sichergestellt hat. Aus diesem Grund gibt er sein Wissen weiter und bildet »Lehrlinge« aus, die dann ihrerseits einen Kriegertrupp gründen und so die Tradition fortsetzen.

Auch Castanedas Ausbildung muß in diesem Rahmen eingeordnet werden. Sein Schicksal führte ihn zu Don Juan, der in ihm einen möglichen Nachfolger erkannte. Darum nutzte er seine Chance und machte ihn zu seinem Schüler.

Aufgrund dieser überraschenden Erkenntnisse, die uns zum vorläufigen Abschluß der Lehrzeit von Castaneda eröffnet werden, müssen wir unser bisheriges Bild von Don Juan überprüfen. Wir erkennen jetzt, daß er nicht in vollkommen selbstloser Art und Weise, wie wir es ihm bisher unterstellen konnten, um das Wohl und um die Fortschritte seines Schülers bemüht gewesen ist. Auch ist er nicht in der uneingeschränkten Weise frei und ungebunden, wie wir es aufgrund seiner Lehren hätten erwarten können. So mag es sein, daß wir mit einer gewissen Enttäuschung auf das reagieren, was uns Castaneda über die »Organisation der Zauberer« zu sagen hat.

Getäuscht haben mögen wir uns in zweifacher Hinsicht: Zum einen, indem wir angenommen haben, für einen »Krieger« und »Zauberer« gebe es keine letzten Gesetze und Instanzen, denen er sich zu fügen und deren Bedingungen er zu akzeptieren hat. Das schicksalbestimmende System des Adlers und die aus ihm abgeleitete Regel zeugen von diesen letzten, endgültigen Bedingungen des Seins, denen auch Don Juan unterworfen ist und um deren Überwindung es ihm letztlich bei seiner Lehre geht.

Zum anderen mögen wir uns getäuscht haben, wenn wir davon ausgegangen sind, daß ein »Krieger« selbstlos und uneigennützig handelt. Es ist ja gerade die vollkommene Zielorientiertheit und uneingeschränkte Zweckgebundenheit seines Tuns, mit der er sich so wesentlich von seinen Mitmenschen unterscheidet. Der »Krieger« will sein Ziel, die »Vollständigkeit des Selbst« und den Übergang in die jenseitige Welt erreichen, und er tut alles, was dafür notwendig ist; gleichzeitig unternimmt er nichts, sofern es diesem Ziel nicht dient.

Eine solche Einstellung mag uns kalt und gefühllos erscheinen, doch sie entspricht der Mentalität des »Kriegers«, denn auch der Adler kennt keine Gefühle. Er gibt allen lebenden Wesen eine Chance, und die kann genutzt oder vertan werden. Erst vor diesem Hintergrund und nachdem wir uns von allen romantischen Illusionen befreit haben, können wir das richtige Verständnis aufbringen für das Ausmaß der Disziplin und Kompromißlosigkeit, das Don Juan in seiner Lehre von uns fordert. Für ihn geht es um »Sein oder Nicht-Sein« in jeder Sekunde seines Lebens.

»Ich bin bereits der Kraft anheimgegeben,
die mein Schicksal regiert.
Und ich klammere mich an nichts,
daher will ich nichts verteidigen.
Ich habe keine Gedanken, daher will ich sehen.
Ich fürchte nichts, daher will
ich mich an mich erinnern.
Losgelöst und mit Leichtigkeit
will ich am Adler vorbeischnellen, um frei zu sein.«

Don Juans Kriegertrupp

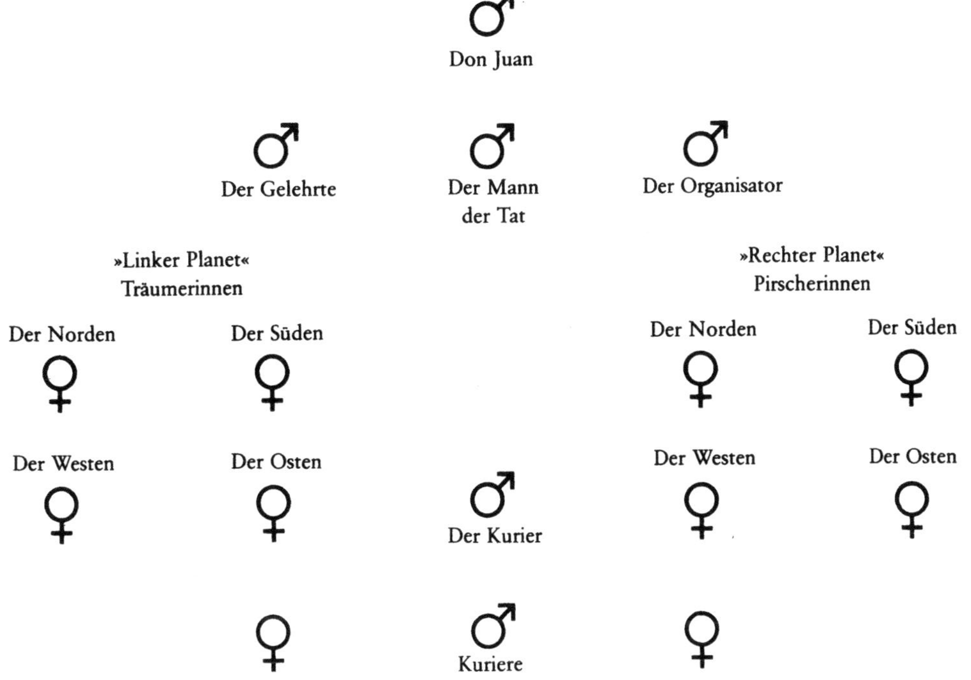

»Die einzig lohnende Herausforderung des Lebens ist es, einen Weg mit Herz in seiner ganzen Länge zu gehen.«   Don Juan

»Der Weg mit Herz«

Ein Nachwort

Wenn wir die Lehren des Don Juan in ihrer ganzen Tiefe durchdringen, dann erreichen wir einen Punkt, an dem wir verstehen, daß nichts auf dieser Welt Wahrheit oder Lüge ist. Wir erkennen, daß es keine guten oder schlechten »Wege« gibt, und wir sehen, daß alle »Wege« überall oder nirgends hinführen. Wenn wir an diesem Punkt angelangt sind, dann treffen wir auf den großen englischen »Zauberer« Aleister Crowley, und wir verstehen das Vermächtnis, das er uns hinterlassen hat: »Tue was du willst – sei das einzige Gesetz.«

Wenn uns dies alles einsichtig ist und wir so die vollkommene Freiheit gewonnen haben, dann bekommen wir auch eine Ahnung von der großen Verantwortung, die wir für uns selber tragen. Und dies ist der Moment, in dem wir den Punkt des bloßen Verstehens überschreiten.

Wir *müssen glauben,* daß es einen *Weg* für uns gibt und daß wir ein *Ziel* erreichen können. Ohne diesen *Glauben* wird unsere Freiheit zur Last. Jetzt sind wir in der Lage, uns ohne Zwang für *unseren Weg* zu entscheiden. Diese Entscheidung sollten wir unserem *Herzen* überlassen.

»Alle Wege sind gleich; sie führen nirgendwo hin. Es gibt Wege, die durch den Busch führen oder in den Busch. Wenn es der Weg mit Herz ist, ist der Weg gut; wenn er es nicht ist, ist er nutzlos. Auf einem ist die Reise voller Freude, und solange du ihm folgst, bist du eins mit ihm. Der andere wird dich dein Leben verfluchen lassen. Der eine macht dich stark, der andere schwächt dich. Darum, bevor du dich auf einen Weg begibst, stell dir die Frage: Ist dies ein Weg mit Herz?«

Quellennachweis
für die verwendeten Zitate

1 Alle Zitate, die nicht besonders gekennzeichnet sind, sind den folgenden, im Fischer Taschenbuch Verlag erschienenen Werken von Carlos Castaneda entnommen: *Die Lehren des Don Juan* (Nr. 1457). *Eine andere Wirklichkeit* (Nr. 1616). *Reise nach Ixtlan* (Nr. 1809). *Der Ring der Kraft* (Nr. 3370). *Der zweite Ring der Kraft* (Nr. 3035). *Die Kunst des Pirschens* (Nr. 3390).

2 Hellmut Coerper: *Der Zugang zum Wissen,* Bonz Verlag, 1981.

3 Dennis Timm: *Die Wirklichkeit und der Wissende. Eine Studie zu Carlos Castaneda.* Bezugsadresse: Literarisches Informationszentrum Joseph Wintjes, Bottrop.

4 Sam Keen: *Auf den Spuren Carlos Castanedas.* Zero Verlag, 1981.

5 W. Y. Tonn: *Lao-Tse ›Tao-Te King‹.* Manesse Verlag, 1959.

Bibliographie

Bach, Richard: *Illusionen.* Ullstein, 1978.

Bardon, Franz: *Der Weg zum wahren Adepten.* H. Bauer, 1982.

Bhagwan Shree Rajneesh: *Das Buch der Geheimnisse.* Heyne, 1983.

Brahma Kumaris Spiritual University: *Geistige Entfaltung durch Selbstrealisierung und Meditation.* – Selbstverlag.

Carrington, Patricia: *Das große Buch der Meditation.* Scherz, 1982.

Charon, Jean E.: *Der Geist der Materie.* Ullstein, 1982.

Davis, Roy Eugene: *So kannst Du Deine Träume verwirklichen. Die Technik der Schöpferischen Imagination.* CSA, 1978.

Dürckheim, Karlfried Graf: *Der Alltag als Übung.* Hans Huber, Bern, 1983.

Dürckheim, Karlfried Graf: *Vom doppelten Ursprung des Menschen.* Herderbücherei, 1973.

Fremantle, Francesca und Trungpa, Chögyam: *Das Totenbuch der Tibeter.* Eugen Diederichs, 1980.

Fromm, Erich: *Zen-Buddhismus und Psychoanalyse.* Suhrkamp, 1971.

Fromm, Erich: *Psychoanalyse und Religion*. Goldmann, 1979.

Fromm, Erich: *Ihr werdet sein wie Gott*. Rowohlt, 1980.

Fromm, Erich: *Märchen, Mythen, Träume*. Rowohlt, 1981.

Hubbard, L. Ron: *Die Grundlagen des Denkens*.

Hubbard, L. Ron: *Selbstanalyse*.

Hubbard, L. Ron: Scientology Publications Organization, 1976.

Jung, C. G.: *Über die Psychologie des Unbewußten*. Fischer, 1975.

Krishnamurti, Jiddu: *Jenseits der Gewalt*, Fischer, 1979.

Krishnamurti, Jiddu: *Leben*. Fischer, 1977.

Muldoon, S. J. und Carrington, H.: *Die Aussendung des Astral-Körpers*. H. Bauer, 1980.

Mulford, Prentice: *Die Möglichkeit des Unmöglichen*. Richard Schikowski, 1972.

Pirsig, Robert M.: *Zen und die Kunst, ein Motorrad zu warten*. Fischer.

Schopenhauer, Arthur: *Vom Wesen der Welt*. Piper & Co, 1950.

Vivekananda, Swami: *Inana-Yoga I*. H. Bauer.

Weinfurter, Karl: *Der Königsweg*. H. Bauer, 1976.

Wilhelm, Richard: *I Ging – Das Buch der Wandlungen*. Eugen Diederichs, 1982.